■建築テキストシリーズ■

鉄筋コンクリート構造

高山　誠

産業図書

はじめに

　本書は、大学、高専等における「鉄筋コンクリート構造」の教科書として、また、実務に携わる人々の参考書として活用されることを目的としてまとめたものであり、執筆に当たっては、わかりやすさを旨とし、初めて鉄筋コンクリート構造を勉強する人が、その構造設計を行う際の考え方の基礎を容易に理解できるように、できるだけていねいに解説することを心がけた。
　鉄筋コンクリート構造の構造設計法は、時代の進展に伴い徐々に進歩してきており、多くの設計者が依拠している日本建築学会の「鉄筋コンクリート構造計算規準」も数度にわたって改訂を繰り返してきている。また、最近の建築基準法の改正により、その設計法は仕様規定型(決められたやり方に従って設計する)から性能規定型(様々な外的条件の下で所定の性能を満足するように設計する)へと大きく転換されようとしている。
　従来、鉄筋コンクリート構造の設計は、許容応力度設計法(想定される外力を受けて部材内部に発生した応力が許容の応力以下になるように設計する)を中心に行われてきた。しかし、この方法では、構造全体としての耐力や構造安全率を知ることはできない。そこでその後、特に地震時に対して、二次設計として、終局強度設計法(塑性理論により求めた構造の終局耐力が、想定される荷重に所定の安全率を掛けた値を上回るように設計する)の考え方を取り入れて現在に至っている。さらに今後は、上述のように性能規定型へ移行するために、使用限界状態や終局限界状態に基づいて設計する限界状態設計法の考え方を取り入れていくこととなろう。
　このように、構造設計法はより合理的で高度な方法へと進展しつつある。しかし、荷重の作用により発生する応力の部材内部における分布状態を正確に求め、それに基づいて設計するという許容応力度設計法の考え方は、上述の種々の高度な設計法を理解する上でも基本となるものであり、初学者にとって、そ

の考え方を理解することは極めて重要であるし、実務に携わる人にとっても依然として有効な方法であると思われる。

そこで、本書では、許容応力度設計法を中心に構造設計を行う際の基本的考え方やその背景について詳述することとした。また、近年単位が切り換えられたことにより、公式には、SI単位を用いるべきであるが、一般にはSI単位は、まだなじみが薄く重力系単位を用いることも多い。そこで、本書ではSI単位を主とし、重力系単位による表記を併記することとした。本書が鉄筋コンクリート構造の構造設計を行う際の一助となれば幸いである。

本書の内容については、筆者の力不足のため、記述が不十分な点や誤っている点も多々あるかと思われるが、これらについて読者の皆様のご指摘、ご助言が頂ければ幸いである。記述に当たっては、直接、間接に多くの図、表などを引用させて頂いた。出典はすべて明記してあるが、ここにあらためて謝意を表する。

本書の出版については、産業図書株式会社の鈴木正昭氏に多大のご配慮を頂いた。また、本文中の図の作成については、金沢工業大学大学院生林信実君の協力を得た。ここに記して感謝の意を表する。

最後に、本書執筆の機会を与えて頂いた真下和彦東海大学教授および終始公私にわたりご指導頂いた故半谷裕彦東京大学教授に深甚の謝意を表する。

2000年2月

高 山　　誠

目　次

はじめに

第1章　序　　論 …… 1

1.1　鉄筋コンクリート構造の構造特性 …… 1
1.2　鉄筋コンクリート構造の歴史 …… 4

第2章　材料の力学的性質 …… 7

2.1　鉄筋の力学的性質 …… 8
　2.1.1　鉄筋の応力-ひずみ関係 …… 8
　2.1.2　鉄筋の種類 …… 9
2.2　コンクリートの力学的性質 …… 11
　2.2.1　コンクリートの応力-ひずみ関係 …… 11
　2.2.2　コンクリートの種類 …… 12
　2.2.3　コンクリートの強度 …… 13
2.3　鉄筋とコンクリートの付着 …… 14
2.4　許容応力度 …… 15
　2.4.1　鉄筋の許容応力度 …… 16
　2.4.2　コンクリートの許容応力度 …… 17
　2.4.3　鉄筋とコンクリートの組み合わせ …… 18
　2.4.4　許容付着応力度 …… 18
2.5　その他の性質 …… 20
　2.5.1　熱に対する性質 …… 20
　2.5.2　クリープ …… 20

第3章　梁（曲げを受ける部材）の設計 ……… 23

3.1　設計（断面算定）の基本仮定 ……… 23
3.2　梁の断面の状態 ……… 24
3.3　力のつりあいと梁の設計基本式 ……… 25
3.4　梁の設計図表とつりあい鉄筋比 ……… 31
3.5　T形梁 ……… 35
　　3.5.1　T形梁の有効幅 ……… 35
　　3.5.2　T形梁の断面算定 ……… 36
3.6　構造制限 ……… 37
　　演習問題 ……… 44

第4章　柱（軸力と曲げを受ける部材）の設計 ……… 47

4.1　設計（断面算定）の基本仮定 ……… 47
4.2　柱の断面の状態 ……… 47
4.3　力のつりあいと柱の設計基本式 ……… 49
4.4　つりあい中立軸比 ……… 52
4.5　長方形断面柱の設計式と設計図表 ……… 52
4.6　円形断面柱の設計式 ……… 59
4.7　円筒断面柱の設計式 ……… 60
4.8　構造制限 ……… 61
　　演習問題 ……… 70

第5章　曲げとせん断を受ける部材の設計（せん断補強） ……… 73

5.1　せん断補強筋の種類とその形状 ……… 73
5.2　梁のせん断補強 ……… 75
　　5.2.1　断面の応力状態 ……… 75
　　5.2.2　斜張力と肋筋による補強 ……… 79
　　5.2.3　梁の許容せん断力 ……… 81
　　5.2.4　梁の設計せん断力 ……… 84
　　5.2.5　肋筋の算定 ……… 85

5.2.6　肋筋に関する構造制限 ･････････････････････････････････ 86
　5.3　柱のせん断補強 ･･･ 90
　　　5.3.1　柱の許容せん断力 ････････････････････････････････････ 90
　　　5.3.2　柱の設計せん断力 ････････････････････････････････････ 90
　　　5.3.3　帯筋の算定 ･･ 93
　　　5.3.4　帯筋に関する構造制限 ････････････････････････････････ 94
　5.4　柱梁接合部のせん断補強 ･････････････････････････････････････ 98
　　　5.4.1　柱梁接合部の設計せん断力 ････････････････････････････ 98
　　　5.4.2　柱梁接合部の許容せん断力 ･･･････････････････････････ 101
　　　5.4.3　接合部帯筋に関する構造制限 ･････････････････････････ 103
　演習問題 ･･ 106

第6章　床スラブ・階段・耐震壁の設計 ･････････････････････ 109

　6.1　床スラブの設計 ･･ 109
　　　6.1.1　床スラブの応力 ･････････････････････････････････････ 109
　　　6.1.2　床スラブの断面算定 ･････････････････････････････････ 110
　　　6.1.3　床スラブの構造制限 ･････････････････････････････････ 112
　6.2　階段の設計 ･･ 118
　6.3　耐震壁の設計 ･･ 121
　　　6.3.1　壁板のせん断補強 ･･･････････････････････････････････ 121
　　　6.3.2　開口部の補強 ･･･････････････････････････････････････ 124
　　　6.3.3　周辺フレームの拘束効果の確保 ･･･････････････････････ 126
　　　6.3.4　耐震壁の構造制限 ･･･････････････････････････････････ 127
　演習問題 ･･ 130

第7章　基礎の設計 ･･ 131

　7.1　基礎底面形の算定 ･･ 132
　7.2　基礎スラブの設計 ･･ 135
　　　7.2.1　スラブの断面算定 ･･･････････････････････････････････ 135
　　　7.2.2　パンチングシアーに対する検討 ･･･････････････････････ 137
　　　7.2.3　基礎スラブの配筋 ･･･････････････････････････････････ 138

演習問題 ……………………………………………………………… 144

第8章　付着・定着 ……………………………………………… 145

　8.1　付着 ……………………………………………………………… 145
　　8.1.1　必要付着長さと許容付着応力度 ……………………………… 145
　　8.1.2　付着に関する構造制限 ………………………………………… 149
　8.2　継手 ……………………………………………………………… 153
　8.3　定着 ……………………………………………………………… 154
　　8.3.1　定着長さ ………………………………………………………… 154
　　8.3.2　必要定着長さ …………………………………………………… 155
　　8.3.3　純ラーメンの柱梁の通し配筋の検定 ………………………… 157
　　8.3.4　定着に関する構造制限 ………………………………………… 158
　　演習問題 ……………………………………………………………… 161

付　　表 …………………………………………………………………… 163
演習問題解答 ……………………………………………………………… 171
参考文献 …………………………………………………………………… 177
索　　引 …………………………………………………………………… 179

第1章
序　論

1.1　鉄筋コンクリート構造の構造特性

　鉄筋コンクリート構造は、文字どおり鉄筋とコンクリートという2種の異なる材料を組み合わせた複合材料による構造である。英語表記では Reinforced Concrete Structure（補強されたコンクリート構造）となり、鉄筋という言葉は入っていない。近年、材料の進歩により炭素繊維などで補強する（繊維補強コンクリート）ことも行われるようになってきたが、従来は補強材料といえば鉄筋であり、わが国では鉄筋コンクリートという名称が使われてきた。また、簡略化のために、英語表記の頭文字をとって **RC構造** という言い方もよく用いられる。

　この名称からも分かるとおり、本来は要するに引張りに弱いコンクリートを引張りに強い鉄で補強するという発想から生まれたものであるが、この鉄とコンクリートの組み合わせは、単に引張りに強い・弱いというだけでなく、下に示すように様々な点においてお互いの弱点をカバーしあう絶妙のコンビネーションとなっている。

　　　　　　　［コンクリート］　　　　　　　　　［鉄　　筋］
　　　　　　　引張りに弱い　　　　⇦　　　　引張りに強い
　　　　　　　圧縮に強い　　　　　⇨　　　　圧縮により座屈しやすい
　　　　　　　断熱性に富む　　　　⇨　　　　熱に弱い
　　　　　　　アルカリ性　　　　　⇨　　　　酸化（錆）しやすい

さらに、コンクリートと鉄筋の「付着力が強い」、「線膨張係数がほぼ等しい」という性質が、この二つの材料が一体となった構造として成立するための重要な条件となっている。

鉄筋コンクリート構造は、組み合わせた鉄筋を型枠で囲い、コンクリートを流し込んで固めるという方法で製作されるので、コンクリートが固まった時点では全体が一体化された構造となる。そこで、柱・梁を剛に接合することにより構成されるラーメン構造に用いられることが多い。また、型枠に流し込んで造るということから、柱・梁のような線材のみならず、壁などの面材も容易に製作することが可能である。そこで、次の図に示すように、壁と床スラブで構成される壁式構造や、曲面板で構成されるシェル構造、あるいは平板の組み合わせからなる折板構造など様々な構造形式が可能となる。

この鉄筋コンクリート構造の特徴を、鉄骨構造と比較しながら考察してみると、先ず自重が大きいということがある。このことは遮音性の良さという利点にもつながるが、地震時には大きな力を受けるということは否定できない。また、コンクリートの性質上、ひびわれが発生しやすいという欠点がある。

図 1.1　ラーメン構造の例

図 1.2　壁式構造の例

図 1.3　シェル構造の例

しかし、前にも述べたように、断熱性能、耐火性能、遮音性能など建築として優れた多くの点を持ち、きちんと施工されれば、ほとんどメンテナンスフリーの状態となる。また、一体構造であるので、鉄骨構造のように部材の接合部が構造的な弱点となるようなこともない。

1.2 鉄筋コンクリート構造の歴史

ヨーロッパにおける鉄筋コンクリートの成り立ちを概観すると、

- 1808年　Dodd（英）　　　　RCの提案
- 1825年　Telford（英）　　　Menai橋で使用
- 1849年　Lambot（仏）　　　RC製ボート（パリ万博に出品）
- 1854年　Wilkinson（英）　　床スラブ（フープ状の鉄で補強）に使用
- 1861年　Coignet（仏）　　　床スラブ、梁、アーチ、ダムなどの製法特許
- 1867年　Monier（仏）　　　 植木鉢、水槽の特許、その後枕木、床、建物、橋
  （明治元年）　　　　　　　　などに応用を広げ、事業化し「RCの父」と呼ばれる

この当時、材料の鉄とコンクリートについては、

- 1713年　Darby（英）　　　　高炉製鉄
- 1824年　Aspdin（英）　　　 ポルトランドセメントの特許
- 1856年　Bessemer（英）　　 転炉の発明　⇨　大量生産が可能となる
- 1864年　Siemens（英）　　　平炉による製鋼法の発明
  　　　　Martin（仏）
- 1877年　Thomas（英）　　　 トーマス転炉

といった状況で、ようやく安定した大量供給が可能となりつつあった。これらの年代と国名からも分かるように、ここでも産業革命が大きな役割を果たしている。鉄やセメントといった材料自体は古代から存在していたが、産業革命による材料の大量生産が、鉄筋コンクリート構造を誕生させたといってよいであろう。また、この構造が一般に普及するためには、その裏付けとなる理論（設計法）の確率が必要であった。

- 1886年　Koenen（独）　　　Monier 式 RC 梁の理論
- 1890年　Neumann（独）　　ヤング係数比を用いた計算
- 1894年　Coignet（仏）　　　平面保持による RC の弾性理論を完成
　　　　　Tedesco（仏）

　この鉄筋コンクリート構造が日本に入ってきたのは19世紀末で、何でも欧米から輸入していた当時の風潮からすると遅いようにも思うが、ここでも材料の供給がネックとなっていたものと思われる。

- 1890 年（明治 23 年）　　横浜岸壁のケーソン
- 1904 年（明治 37 年）　　佐世保ドックのポンプ室
- 1905 年（明治 38 年）　　京都琵琶湖疎水の橋
- 1906 年（明治 39 年）　　神戸和田岬の東京倉庫（材料：国産）

　材料の鉄とコンクリートについては、

- 1881 年（明治 14 年）　　小野田セメント創業
- 1884 年（明治 17 年）　　浅野セメント創業
- 1901 年（明治 34 年）　　官営八幡製鉄所操業開始

　以後、大正時代に入って全国へと普及していった。

第2章
材料の力学的性質

本章では、RC構造の構成材料である鉄筋とコンクリートの力学的性質について述べる。

材料の力学的性質を表すものとして、**応力度-ひずみ度関係**(略して応力-ひずみ関係という場合が多い)、**強度**、**ヤング係数**、**許容応力度**などがある。中でも応力-ひずみ関係は、材料の力学的性質を最もよく表すものとして重要である。

ここで、応力度、ひずみ度とは何かということを改めて考えてみよう。例えば、図2.1に示す長さℓcm、断面積Acm^{2}の棒をPkNで引張った場合を考えてみる。引張られた結果、棒はδcmだけ延びたとすると、応力度(σ)とひずみ度(ε)は各々次のように定義される。

$$\sigma = \frac{P}{A} \quad \text{(単位:N/mm}^2 \text{ or MPa)} \tag{2.1}$$

$$\varepsilon = \frac{\delta}{\ell} \quad \text{(単位:cm/cm = 無次元)} \tag{2.2}$$

すなわち、応力(度)とは単位面積当たりの力の大きさであり、ひずみ(度)とは単位長さ当たりの変形量ということである。ここで、応力、ひずみを表す記号としては、ギリシャ文字のσ(シグマ)とε(イプシロン)を用いるのが一般的である。この応力とひずみを用いて表せば、棒の長さや太さには関係なく、材料自体の力と変形の関係を表すことができる。

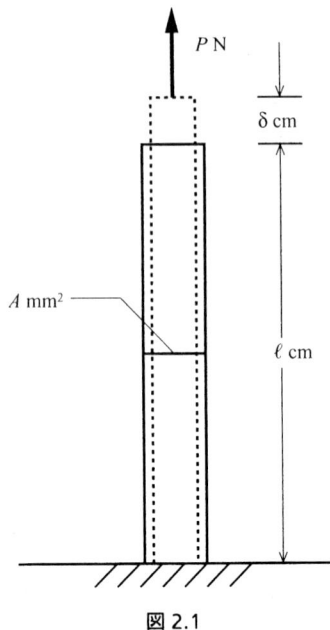

図 2.1

2.1 鉄筋の力学的性質

2.1.1 鉄筋の応力-ひずみ関係

図2.2に鉄筋(軟鋼)を引張った場合の応力-ひずみ関係を模式的に表したものを示す。縦軸が応力(力)で、横軸がひずみ(変形)である。

鉄筋の場合、一般に応力がある値(降伏点)に達するまでは、力と変形は正比例(直線)の関係にあり、応力が2倍になればひずみも2倍になる。この時の直線の傾きを**ヤング率**(または**ヤング係数**)と呼び、これが材料の硬さを表している。すなわち、直線の傾きが緩い(同じ応力に対してひずみが大きい)ほど、柔らかい材料ということになる。鉄筋の場合、材質によるヤング率の違いは比較的少なく、ほぼ同じ値を示すので、設計に際しては、一律に(2.3)式に示す値を用いている。

$$E_s = 2.05 \times 10^5 \, \text{N/mm}^2 \tag{2.3}$$

ここで、E_s：鉄筋のヤング係数

2.1 鉄筋の力学的性質

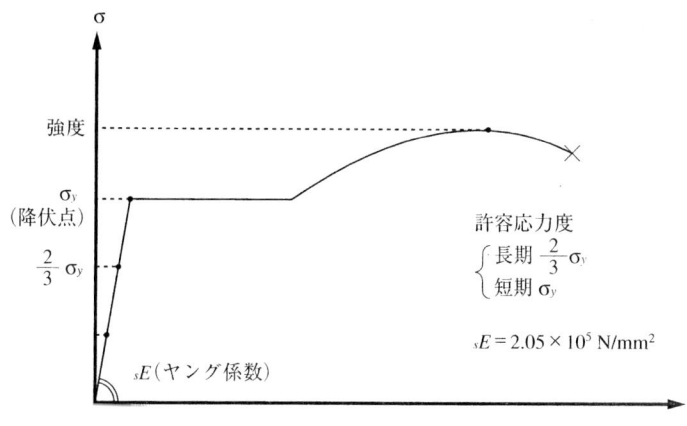

図 2.2　鉄筋の応力-ひずみ関係

ところで、応力が**降伏点**に達すると、そこからは引張り続けても応力は増加せず、ひずみ(変形)のみが進行する状態となる。この状態を、「鉄筋が降伏した」といい、降伏した後に発生したひずみは力を取り除いても元に戻らずそのまま残る。このひずみを**残留ひずみ**(または**塑性ひずみ**)といい、降伏点以降の領域を**塑性領域**という。また、この降伏点以前の領域を**弾性領域**といい、材料が弾性領域にある間は、力を除くとそれまでに発生していたひずみは完全に元に戻って0になる。

鉄筋が降伏した後、さらに引張り続けると、やがて徐々に応力が増加してくる。この状態を**ひずみ硬化**と呼ぶ。このひずみ硬化領域まで含めた降伏後のひずみ量は、降伏点に到達した時点での弾性ひずみの数倍〜数十倍に及ぶ大きなもので、RC構造が破壊時に示すねばりは、主にこの鉄筋の降伏後の変形によるものである。

その後、応力が最大値(強度)に達すると、鉄筋の1カ所が急激に絞られて細くなり、応力が若干低下した後、破断に至る。

2.1.2　鉄筋の種類

鉄筋は、その形状により**丸鋼**と**異形鉄筋**(異形棒鋼ともいう)に分けられ、さらに降伏応力度と強度の大きさにより表2.1に示すように分類されている。表中の記号のSはSteel(鉄筋)、RはRound(丸い)、DはDeformed(異形)の頭文字で

あり、次の数字は降伏応力度の大きさ（単位：MPaまたはN/mm²）を表している。この降伏応力度と強度を変化させる方法として、冷間加工と成分調整の2種類がある。

表 2.1 鉄筋コンクリート用棒鋼の降伏点、引張強さ
（出典：日本建築学会編『鉄筋コンクリート構造計算基準・同解説
—許容応力度設計法—』日本建築学会、1999 年）

	種類の記号	降伏点または0.2％耐力（N/mm²）	引張強さ（N/mm²）
丸鋼	SR 235	235 以上	380〜520
	SR 295	295 以上	440〜600
異形棒鋼	SD 295 A	295 以上	440〜600
	SD 295 B	295〜390	440 以上
	SD 345	345〜440	490 以上
	SD 390	390〜510	560 以上
	SD 490	490〜625	620 以上

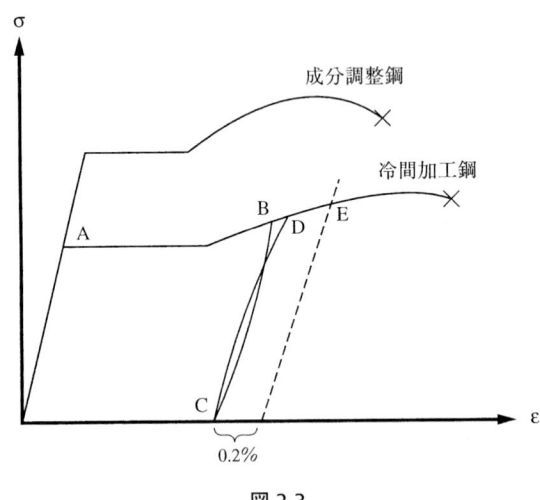

図 2.3

冷間加工は、図2.3に示すように、一旦製造した鉄筋に力を加え、ひずみ硬化領域のB点まで到達させた後、除荷した鉄筋を用いるもので、次にこの鉄筋に力が加わった場合、その応力-ひずみ曲線はC点から始まることとなり、D点に

達するまでは直線を保つ。したがって、強度は増加しないが、見かけ上降伏応力度が増加した形となる。この場合、明確な降伏点は現れないので、図に示すように、残留ひずみ0.2%の点(C点から0.2%のひずみの点から弾性勾配と平行に引いた直線と応力-ひずみ曲線の交点:E点)を降伏点(0.2%耐力ともいう)としている。冷間加工鋼の場合、図からも分かるように、一旦降伏すると破断までの余裕が少ないので注意を要する。

一方、成分調整鋼は、鉄に混ぜる炭素やニッケル、クロムなどの成分を調整することによって降伏点と強度を高めたものである。強度が高いほど変形能力は小さくなるが、応力-ひずみ曲線の形は軟鋼の場合と同じで、明確な降伏点もあり、変形量も冷間加工鋼よりはかなり大きい。

2.2　コンクリートの力学的性質

2.2.1　コンクリートの応力-ひずみ関係

図2.4にコンクリートを圧縮した場合の応力-ひずみ関係を模式的に表したものを示す。縦軸が応力(力)で、横軸がひずみ(変形)である。

図2.2と比較しても分かるように、その曲線の形は鉄筋の場合とはかなり異な

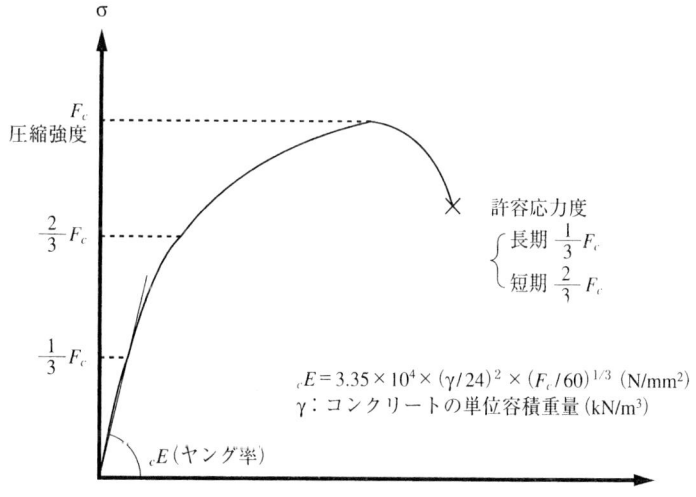

図 2.4　コンクリートの応力-ひずみ関係

る。すなわち、鉄筋のような明瞭な降伏点はなく、また初期の時点からゆるい曲線を描いている。したがって、曲線の傾き(ヤング係数)も応力の増加に伴い刻々と変化し、原点における傾き(初期ヤング係数)が最大で、以後次第に減少していく。そこで、コンクリートのヤング係数の定義に当たっては、目的に応じて適当に応力レベルを想定して決めることとなる。例えば、一般の設計の場合、想定される最大応力度(長期的荷重に対しては強度の1/3)の点と原点を結んだ線の傾きをヤング係数(割線弾性係数という)としている。

日本建築学会の計算規準[1]では、応力またはたわみ算定用のヤング係数として、次式を用いることとしている。

$$E = 3.35 \times 10^4 \times (\gamma / 24)^2 \times (F_c / 60)^{1/3} \quad (\text{N/mm}^2) \tag{2.4}$$

ここで、γ ：コンクリートの単位容積重量(kN/m³)
　　　　F_c ：コンクリートの設計基準強度(N/mm²)

2.2.2　コンクリートの種類

コンクリートは骨材(砂利、砂など)をセメントペースト(セメントを水で練ったもの)の硬化体で固めたものであるが、骨材の種類により**普通コンクリート**(細骨材は砂、粗骨材は砂利、砕石等)、**軽量コンクリート**(1種：細骨材は砂、粗骨材は人工軽量骨材、2種：細骨材、粗骨材とも人工軽量骨材)、**重量コンクリート**(細骨材は砂、粗骨材は重量骨材)に大別される。これらのコンクリートの気乾状態での見掛けの単位容積重量は、普通コンクリートで23 kN/m³(2.3 tf/m³)程度であり、21 kN/m³(2.1 tf/m³)以下のものを軽量コンクリート、25 ～ 60 kN/m³(2.5 ～ 6.0 tf/m³)のものを重量コンクリートという。

また、近年鉄筋コンクリート造の超高層建築も実現されるようになり、それに応じて圧縮強度の非常に大きい**高強度コンクリート**も使われるようになってきており、それに伴って、少ない水量で所用の流動性が得られるように、流動化剤を混入した**流動化コンクリート**なども使われている。

コンクリートの材料としての種類ではないが、引張りに弱いコンクリートに対して、あらかじめ圧縮の応力(ストレス)を与えておくことにより、材料を有効に利用しようという考え方から生まれた**プレストレストコンクリート構造**というのもある。本書で扱う主題とはやや外れるので、本書ではこれについて詳

述しない。興味のある方は参考文献[15]を参照願いたい。

2.2.3 コンクリートの強度

第1章でも述べたように、RC構造はコンクリートの圧縮強度(F_c)に期待する構造であるが、コンクリートはセメント、水、骨材(砂、砂利等)を混ぜて固めたものであるので、その調合の割合や調合方法により圧縮強度は大きく影響を受けるし、また、材料的ばらつきも大きい。特にセメントに対する水の重量比(水セメント比という)による影響は大きく、水セメント比が大きい(水の割合が多い)ほどコンクリートの強度は弱くなる。

コンクリートの引張強度(F_t)は、圧縮強度が大きいほど大きくなるが、圧縮強度に比べて非常に小さく、$F_c/10$～$F_c/13$ 程度である。また、RC構造の引張応力を受ける部分では、乾燥収縮等の影響もあって、通常の使用状態ですでにひびわれが発生している可能性が高いので、一般の設計ではコンクリートの引張強度は無視することが多い。

コンクリートのせん断強度(F_s)も引張強度と同様、圧縮強度が大きいほど大きく、直接せん断(はさみが紙を切るような、直接ものをすり切る力)の場合、$F_c/4.5$～$F_c/6.5$ 程度と言われている。しかし、せん断応力を受けた場合、その応力状態は図 2.5 に示すように、斜め45°方向の引張力(斜張力という)と圧縮力を受けているのと等価な状態となるので、この場合の強度は引張強度と同じとなる。また、一般にせん断力によるひびわれは、この斜張力による斜め45°方向のひびわれとして表れる。

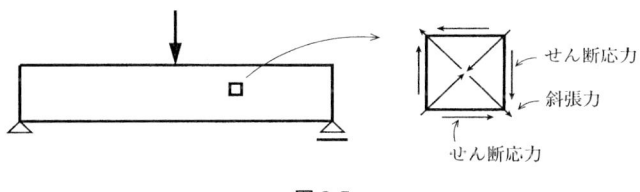

図 2.5

2.3 鉄筋とコンクリートの付着

　第1章でも述べたように、RC構造の成立の条件として、鉄筋とコンクリートの付着力が強いということが上げられている。ここで、付着力についてもう少し詳しく考えてみよう。

　今、鉄筋に引張力が作用したとき、鉄筋とコンクリートが離れていたとすると、鉄筋はコンクリートからずるずると滑り出して抜けてしまい、構造として成立しない。RC構造が力を受けたとき、鉄筋が引張力に、コンクリートが圧縮力に有効に抵抗するためには、鉄筋が滑り出すことなく、鉄筋とコンクリートが一体となって動くことが必要である。この鉄筋の滑り出しに抵抗する力が付着力である。

　付着力の発生機構は、図2.6に示すように、丸鋼の場合は粘着力と摩擦力が主であり、異形鉄筋の場合は、これに節の部分での支圧力が加わる。この支圧力はかなり大きいので、異形鉄筋では丸鋼の2倍近い付着力を見込むことができる。

　ただし、図2.7に示すように、コンクリートのかぶり厚さが薄かったり、鉄筋間隔が小さいと、そこでひびわれが発生し付着力が低下する。また、耐火性、耐久性の観点からもある程度のかぶり厚さは必要となる。学会規準[1]では、これ

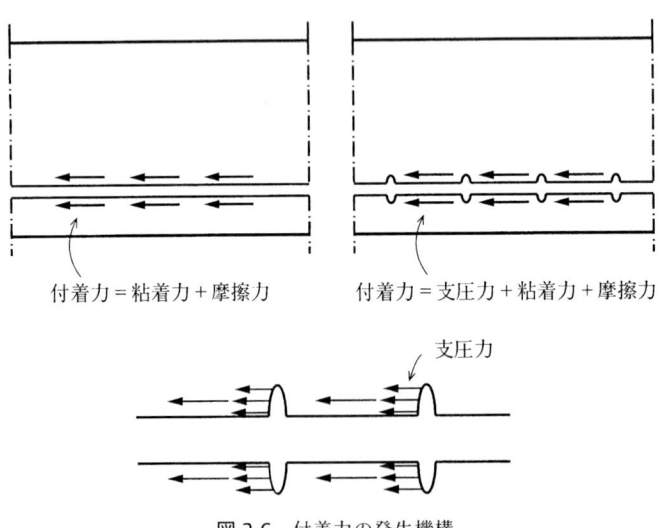

図2.6　付着力の発生機構

らを総合的に考慮したかぶり厚さの最小値が表2.2のように決められている。ここで、設計かぶり厚さは、施工誤差や耐久性のレベル、環境条件などを考慮して最小かぶり厚さを割り増しした値である。

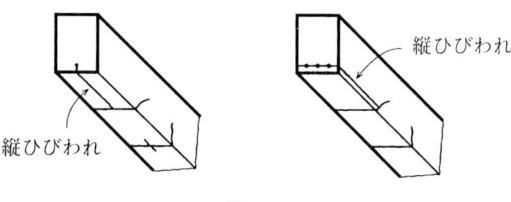

図 2.7

表 2.2 設計かぶり厚さと最小かぶり厚さの規定値(mm)

(出典：日本建築学会編『鉄筋コンクリート構造計算基準・同解説
―許容応力度設計法―』日本建築学会、1999年)

部位			設計かぶり厚さ		最小かぶり厚さ		建築基準法施行令かぶり厚さの規定
			仕上げあり[1]	仕上げなし[2]	仕上げあり[1]	仕上げなし[2]	
土に接しない部分	屋根スラブ 床スラブ 非耐力壁	屋内	30以上	30以上	20以上	20以上	20以上
		屋外	30以上	40以上	20以上	30以上	
	柱 梁 耐力壁	屋内	40以上	40以上	30以上	30以上	30以上
		屋外	40以上	50以上	30以上	40以上	
	擁壁		―	50以上[3]	40以上[3]	40以上[3]	―
土に接する部分	柱・梁・床スラブ・壁・布基礎の立ち上がり		―	50以上[4]	40以上[4]	40以上[4]	40以上
	基礎・擁壁		70以上[4]	70以上[4]	60以上[4]	60以上[4]	60以上

[注] 1) 耐久性上有効な仕上げあり。
2) 耐久性上有効な仕上げなし。
3) 品質・施工法に応じ、工事監理者の承認で10mm減の値とすることができる。
4) 軽量コンクリートの場合は、10mm増しの値とする。

2.4 許容応力度

RC構造の設計法としては様々な方法があるが、わが国では従来主に**許容応力度設計法**が使われてきた。また現在は、この許容応力度法に**終局強度法**や振動

解析の考え方などを組み合わせたより合理的な設計法が使われている。

許容応力度とは、構造物に様々な外力が作用したときに部材内部に発生する応力の許容値を決めたもので、**長期荷重**（自重、積載荷重など）と**短期荷重**（地震、強風など）の各々に対して、どの程度までの応力の発生を許容するかを決めてある。

2.4.1 鉄筋の許容応力度

鉄筋の許容応力度は降伏点を基準として決められており、長期荷重に対しては降伏点の2/3とし、短期荷重に対してはその1.5倍、すなわち降伏点の値とする。この場合、短期では鉄筋が降伏することがあるように思われるかもしれないが、この降伏点はJISで決められた公称の降伏点で、実際の鉄筋はこの値を確実にクリアーするようにやや高めの降伏点を有するので、降伏することはない。また、高張力鋼の場合、相対的に許容応力度が高くなり、それに応じてひびわれ幅が増大するので、ひびわれ幅を制御する観点から、降伏点よりやや低く抑えられている。

各種の鉄筋の許容応力度の一覧を表2.3に示す。

表2.3 鉄筋の許容応力度（N/mm²）

（出典：日本建築学会編『鉄筋コンクリート構造計算基準・同解説
―許容応力度設計法―』日本建築学会、1999年）

	長 期		短 期	
	引張および圧縮	せん断補強	引張および圧縮	せん断補強
SR 235	160	160	235	235
SR 295	160	200	295	295
SD 295 A および B	200	200	295	295
SD 345	220（*200）	200	345	345
SD 390	220（*200）	200	390	390
溶接金網	200	200	―	295

［注］*D29以上の太さの鉄筋に対しては（ ）内の数値とする。

2.4.2 コンクリートの許容応力度

コンクリートの場合、鉄筋におけるような降伏点はないので、圧縮強度を基準として決められている。すなわち、表2.4に示すように、長期荷重に対する許容圧縮応力度は圧縮強度(F_c)の1/3とし、短期荷重に対してはその2倍とする。(長期に対する短期許容応力度の比は、鉄筋では1.5倍であるのに対して、コンクリートでは2倍と異なっているので、設計の際には注意を要する。)

また、せん断に対しても、強度がF_cの1/10程度であることを考慮して、表に示すように決められている。ここで、$(0.5 + F_c/100)$は高強度のコンクリートでは、せん断強度が必ずしもF_cに比例して増加しないことを考慮したもので、$F_c/30$よりもやや低く設定されている。

表2.4 コンクリートの許容応力度(N/mm²)

(出典：日本建築学会編『鉄筋コンクリート構造計算基準・同解説
―許容応力度設計法―』日本建築学会、1999年)

	長期			短期		
	圧縮	引張	せん断	圧縮	引張	せん断
普通コンクリート	$\dfrac{1}{3}F_c$	―	$\dfrac{1}{30}F_c$ かつ $\left(0.5 + \dfrac{1}{100}F_c\right)$ 以下	長期に対する値の2倍	―	長期に対する値の1.5倍
軽量コンクリート1種および2種			普通コンクリートに対する値の0.9倍			

[注] F_c は、コンクリートの設計基準強度 (N/mm²) を表す。

表2.5 コンクリートの許容せん断応力度(N/mm²)

設計基準強度 F_c (N/mm²)		18	21	24	27	30
普通コンクリート	長期	0.60	0.70	0.74	0.77	0.80
	短期	0.90	1.05	1.11	1.15	1.20
軽量コンクリート1種・2種	長期	0.54	0.63	0.66	0.69	0.72
	短期	0.81	0.94	0.99	1.04	1.08

2.4.3 鉄筋とコンクリートの組み合わせ

前項までに述べたように、鉄筋、コンクリートとも様々な強度のものがあり、目的に応じてこれらを使い分けることとなる。しかし、いま高強度の鉄筋を使うとした場合、これに合わせてコンクリートもある程度高強度のものを用いないと、鉄筋コンクリート部材としての性能は高まらない。つまり、鉄筋のみ高強度の場合、鉄筋は十分余裕があるにもかかわらず、コンクリートが限度いっぱいのため、部材としての強度は低いままに止まるということが起こる。逆にコンクリート強度のみ高い場合もまた同様である。

そこで、適当な鉄筋とコンクリートの組み合わせを選ぶことが重要となる。以下に、通常よく用いられる鉄筋とコンクリートの組み合わせの例を示す。

	コンクリート強度			鉄筋種類
$F_c =$	18 N/mm^2	(180 kgf/cm^2)		SR235
	21	(210)	）	SD295
	24	(240)	）	SD345
	27	(270)	）	SD390

2.4.4 許容付着応力度

2.3節でも述べたように、付着力の発生機構からして異形鉄筋の方が丸鋼より許容付着応力度が高くなるのは当然であるが、表2.6に示すように、鉄筋の位置などによっても許容付着応力度は変わってくる。表中の曲げ材上端筋というのは、梁などの曲げを受ける部材の上端に水平に配置される鉄筋のことである。なぜこれの許容付着応力度を低く設定しているかというと、コンクリートは打設時には、必ず若干の空気が混ざった状態で打設され、その後締め固めのためにバイブレーターなどで振動させると、この空気が気泡となって上昇してくる。この気泡がコンクリート表面まで到達すれば問題はないが、往々にして砂利や鉄筋に引っかかって止まる場合があり、図2.8に示すようにコンクリートの硬化後は空隙として残ることが多い。すなわち、水平に配置された鉄筋(特に部材の上部にある場合)の下側には、場所により空隙が生じていて、鉄筋とコンクリートが密着していないことがあるということである。

2.4 許容応力度

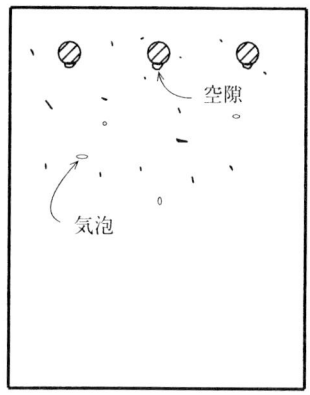

図 2.8

表 2.6 異形鉄筋のコンクリートに対する許容付着応力度（N/mm²）
（出典：日本建築学会編『鉄筋コンクリート構造計算基準・同解説
―許容応力度設計法―』日本建築学会、1999 年）

普通コンクリート	長　　期		短　　期
	上端筋	その他の鉄筋	
	$0.8 \times \left(\dfrac{F_c}{60} + 0.6\right)$	$\left(\dfrac{F_c}{60} + 0.6\right)$	長期に対する値の 1.5 倍

[注] 1) 上端部とは曲げ材にあってその鉄筋の下に 300 mm 以上のコンクリートが打ち込まれる場合の水平鉄筋をいう。
2) F_c はコンクリートの設計基準強度（N/mm²）を表す。
3) 本表の許容付着応力度は、学会規準 [1] 16 条、17 条に規定される配筋による修正係数とあわせて使用される値である。
4) 軽量コンクリートでは本表の値に 0.8 を乗じる。

表 2.7 鉄筋の許容付着応力度（N/mm²）

コンクリート強度 F_c (N/mm²)		18	21	24	27	30
上端筋	長期	0.72	0.76	0.80	0.84	0.88
	短期	1.08	1.14	1.20	1.26	1.32
その他の鉄筋	長期	0.90	0.95	1.00	1.05	1.10
	短期	1.35	1.42	1.50	1.57	1.65

表 2.6、表 2.7 は 1999 年版学会基準 [1] に基づいているが、2010 年版学会基準 [20] において改訂が行われているので、そちらも参照されたい。

2.5 その他の性質

2.5.1 熱に対する性質

　常温付近での鉄筋の熱膨張係数は、約 10μ /℃程度で、コンクリートとほぼ等しい。

　また、鉄筋の強さは温度によって変化し、200℃では常温時より20%程強くなるが、350℃で常温時の強度に戻り、それ以上になると強度は急速に低くなる。また、ヤング係数も温度が高くなると小さくなる。

　コンクリートでは、200℃以上になると強度は低下し、500℃では常温時の65%程度になる。また、普通コンクリートの熱伝導率は 1.6 〜 2.3 W/mK 程度で、比重が小さいコンクリートほど熱伝導率も小さい。

2.5.2 クリープ

　コンクリートは持続荷重を受けると、図2.9に示すように、荷重の大きさは変わらなくても、時間とともにひずみが増大する。この現象を**クリープ**という。コンクリートは、硬化、乾燥により収縮するので、これとクリープが組み合わされてかなりの変形を生じる場合があり、土木構造物では設計上の重要なファクターである。建築構造においては、一般に土木構造物に比べて部材のスケールが小さく、各部材が複雑に組み合わされていることが多いため、構造全体の中でなんとなく吸収されてしまい、問題となることは少ない。しかし、プレストレスコンクリートの場合は、初期に導入したストレス(応力)がクリープによって抜けてしまう場合もあるので、その設計においては、必ずクリープを考慮しなければならない。

2.5 その他の性質

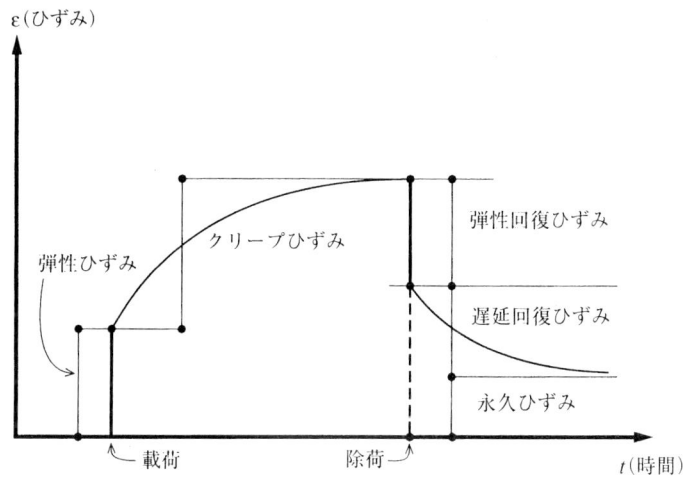

図 2.9 コンクリートのクリープ曲線

第3章
梁(曲げを受ける部材)の設計

3.1 設計(断面算定)の基本仮定

曲げモーメントに対して部材の設計を行う場合、弾性設計では次の三つの基本仮定に基づいて設計式を構成する。

(1) **コンクリートの引張強度は無視する** ($F_t = 0$)

　2.2.3項でも述べたように、コンクリートの引張応力を受ける部分は通常の状態で既にひびわれが入っていることが多いので、コンクリートの引張強度は無視する。

(2) **コンクリートと鉄筋のヤング係数比は一定値をとる** ($n = {}_sE/{}_cE = 15$)

　第2章でも述べたように、鉄筋のヤング係数はほぼ一定であるが、コンクリートのヤング係数はコンクリート強度により変化するので、そのまま比をとると一定にはならない。しかし、コンクリートのヤング係数はクリープによっても変化し、これらを正確に評価するのは困難である。そこで、安全側の値として一定値15をとり、この値で断面算定を行うこととしている。

(3) **材軸に直角な断面は、部材の湾曲後も材軸に直角な平面を保つ**

　これは、いわゆる「平面保持の仮定」と呼ばれるもので、図3.1に示すように、変形前に平面であった断面は、梁がたわんだ後も平面を保つという

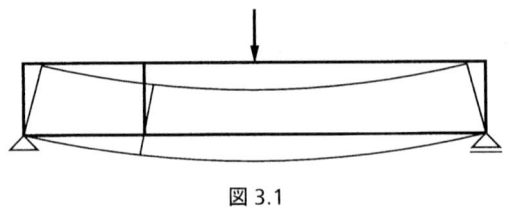

図 3.1

ものである。一見、断面はゆがむように思われるかもしれないが、細長い梁［長さが梁成の 3 ～ 4 倍以上の梁］では、この仮定が成立することが確かめられている。

3.2 梁の断面の状態

梁の設計をするためには、曲げモーメントを受ける梁の断面の状態（変形状態、応力状態）を把握しておくことが重要である。

図3.2(a)は断面を正面から見た状態を示し、(b)～(d)は横から見た状態を示す。いま下側引張りの曲げモーメントを受けた場合を考える。

前述の(3)の仮定から、断面は平面を保ったまま変形するので、ひずみの分布状態は図(b)に示すように**三角形分布**となる。また、断面の上下どちらかが伸び、反対側が縮むので、断面の中には必ず伸びも縮みもしない（ひずみ＝0）部分があり、これを**中立軸**と呼んでいる。

弾性設計では、式(3.1)に示す**フックの法則**が成り立つので、応力はひずみと正比例の関係にあり、したがって、応力分布も図(c)に示すように三角形分布となる。ただし、鉄筋のヤング係数はコンクリートに比べて大きいので、ひずみ（ε）が同じだとすると、鉄筋の応力度（σ）はヤング係数比（$n = 15$）分だけ大きくなる。

$$\sigma = E\varepsilon \tag{3.1}$$

ここで、(1)の仮定からコンクリートは引張応力を負担できないので、引張側の応力はすべて鉄筋が受け持つこととなり、実際の応力分布状態は図(d)のような形となる。図中の C, T は各々圧縮と引張りの合力を表す。

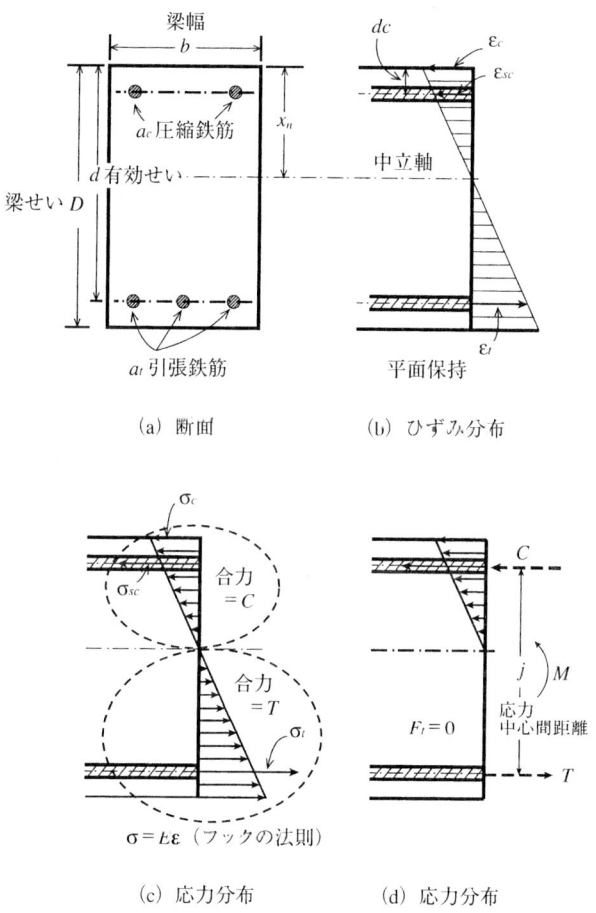

図 3.2 梁内の応力の分布状態

3.3 力のつりあいと梁の設計基本式

　梁の設計において最も重要なことは、梁の応力状態が図3.2のようになっているということを知ることであり、これが分かれば、この状態について力のつりあいを考えることにより、容易に設計式を導くことができる。
　図3.2(d)において、材軸方向の力のつりあいを考えると、

$$C = T \tag{3.2}$$

この C と T は偶力となっているので、偶力とモーメントの関係より、

$$M = C \cdot j \tag{3.3}$$
$$M = T \cdot j \tag{3.4}$$

また、C, T は各々圧縮応力と引張応力の合力であるので、それぞれを圧縮応力と引張応力で表すと、

$$C = \frac{\sigma_c b x_n}{2} + \sigma_{sc} a_c \tag{3.5}$$

$$T = \sigma_t a_t \tag{3.6}$$

式(3.6)を式(3.4)に代入すると、

$$M = \sigma_t a_t j \tag{3.7}$$

ここで、鉄筋の応力度 σ_t が到達する可能性のある最大の応力度は、鉄筋の許容応力度 f_t であるので、σ_t が f_t に達したとして、梁が作用曲げモーメント M を支持するのに必要な鉄筋量 a_t を求めると、

$$a_t \geqq \frac{M}{f_t j} \tag{3.8}$$

使用する鉄筋の種類を決めると f_t は決まるので、いま j が求まったとすると、式(3.8)より、必要な鉄筋量を簡単に求めることができる。すなわち、この式(3.8)が一つの設計式である。

しかし、式(3.8)は式(3.4)から、つまり引張側の条件から定められた式であるので、圧縮コンクリートが十分強く、引張鉄筋で決まることが明らかな場合はこの式で設計してよいが、どちらで決まるかが不明の場合は、もう一方の式(3.3)、つまり圧縮側の条件(圧縮側のコンクリートが安全かどうか)も考慮する必要がある。そこで、式(3.5)を式(3.3)に代入すると、

$$M = \left(\frac{\sigma_c b x_n}{2} + \sigma_{sc} a_c \right) \cdot j \tag{3.9}$$

ここで、σ_c をコンクリートの許容応力度 f_c で置き換え、変形すれば、式(3.8)に対応する設計式ができるはずであるが、この式は式(3.7)より複雑で、中に x_n、σ_{sc} などのよく分からないファクターが含まれている。そこで、これらを先ず明

らかにすることを考えよう。

σ_{sc} は圧縮鉄筋の応力度である。そこで、最初にこの σ_{sc}, σ_t と σ_c の関係を求めてみる。図3.2(b)に示すようにひずみの分布形は三角形であるので、ここでの幾何学的比例関係から、

$$\varepsilon_c : \varepsilon_{sc} : \varepsilon_t = x_n : (x_n - d_c) : (d - x_n) \tag{3.10}$$

ここで、フックの法則より $\varepsilon = \sigma/E$ であり、ヤング係数比 n を考慮すると、

$$\varepsilon_c = \frac{\sigma_c}{{}_cE}$$
$$\varepsilon_{sc} = \frac{\sigma_{sc}}{{}_sE} = \frac{\sigma_{sc}}{n\,{}_cE} \tag{3.11}$$
$$\varepsilon_t = \frac{\sigma_t}{{}_sE} = \frac{\sigma_t}{n\,{}_cE}$$

ここに、$n = \dfrac{{}_sE}{{}_cE} = 15$

式(3.11)を式(3.10)に代入すると、

$$\frac{\sigma_c}{{}_cE} : \frac{\sigma_{sc}}{n_c E} : \frac{\sigma_t}{n_c E} = x_n : (x_n - d_c) : (d - x_n) \tag{3.12}$$

$$\therefore \frac{\sigma_t}{n_c E} \cdot x_n = \frac{\sigma_c}{{}_cE} \cdot (d - x_n) \tag{3.13}$$

上式より σ_t は、

$$\sigma_t = n \cdot \frac{(d - x_n)}{x_n} \cdot \sigma_c = n \cdot \frac{(1 - x_{n1})}{x_{n1}} \cdot \sigma_c \tag{3.14}$$

ここで、$x_{n1} = \dfrac{x_n}{d}$

全く同様の操作で、式(3.12)より、

$$\frac{\sigma_{sc}}{n_c E} \cdot (x_n - d_c) = \frac{\sigma_c}{{}_cE} \cdot (d - x_n) \tag{3.15}$$

$$\therefore \sigma_{sc} = n \cdot \frac{(x_{n1} - d_{c1})}{x_{n1}} \cdot \sigma_c \tag{3.16}$$

ここで、$d_{c1} = \dfrac{d_c}{d}$

次に、式(3.9)中の x_n (中立軸位置)を求めてみる。いま、式(3.2)に式(3.5)、(3.6)を代入すると、

$$\frac{\sigma_c b x_n}{2} + \sigma_{sc} a_c = \sigma_t a_t \tag{3.17}$$

式(3.17)に，式(3.14)，(3.16)を代入すると，

$$\frac{\sigma_c b x_n}{2} + n \cdot \frac{(x_{n1} - d_{c1})}{x_{n1}} \cdot \sigma_c \cdot a_c = n \cdot \frac{(1 - x_{n1})}{x_{n1}} \cdot \sigma_c \cdot a_t \tag{3.18}$$

上式の両辺を $\sigma_c bd$ で割り，第2項に a_t/a_t を挿入すると，

$$\frac{x_{n1}}{2} + n \cdot \frac{(x_{n1} - d_{c1})}{x_{n1}} \cdot \frac{a_c}{a_t} \cdot \frac{a_t}{bd} = n \cdot \frac{(1 - x_{n1})}{x_{n1}} \cdot \frac{a_t}{bd} \tag{3.19}$$

ここで，$a_t/bd \equiv p_t$ (梁の有効断面積に対する引張鉄筋の比で**鉄筋比**と呼ぶ)
$a_c/a_t \equiv \gamma$ (引張鉄筋に対する圧縮鉄筋の比で**複筋比**と呼ぶ)

上式の両辺に $2x_{n1}$ を掛けると，

$$x_{n1}^2 + 2n(x_{n1} - d_{c1})\gamma p_t = 2n(1 - x_{n1})p_t \tag{3.20}$$

さらに，x_{n1} について整理すると，

$$x_{n1}^2 + 2np_t(1 + \gamma)x_{n1} - 2np_t(1 + \gamma d_{c1}) = 0 \tag{3.21}$$

上式は，x_{n1} に関する2次方程式であるので，根の公式により，

$$x_{n1} = -np_t(1+\gamma) + \sqrt{n^2 p_t^2 (1+\gamma)^2 + 2np_t(1+\gamma d_{c1})} \tag{3.22}$$

単筋(引張鉄筋のみ)の場合は，$\gamma = 0$ となるので，

$$x_{n1} = -np_t + \sqrt{n^2 p_t^2 + 2np_t} \tag{3.23}$$

式(3.22)，(3.23)より，中立軸の位置(x_{n1})は鉄筋比(p_t)によって決まることが分かる。

最後に，式(3.9)中の j (**応力中心間距離**)を明確にすることを考える。図3.3は図3.2(d)を再録したものであるが，ここで，圧縮合力 C について Varignon の定理を適用してみる。

Varignon の定理とは，合力の作用点を求める際によく用いられる定理である。いま例えば，図3.4の力 R が力 P_1, P_2 の合力であるとする。このとき，R は P_1, P_2 のあらゆる作用を合わせたものになっていなければならない。したがって，式(3.24)に示すように，「ある任意の点O回りの P_1, P_2 によるモーメントの合計は，R によるO点回りのモーメントに等しい。」というものである。

3.3 力のつりあいと梁の設計基本式

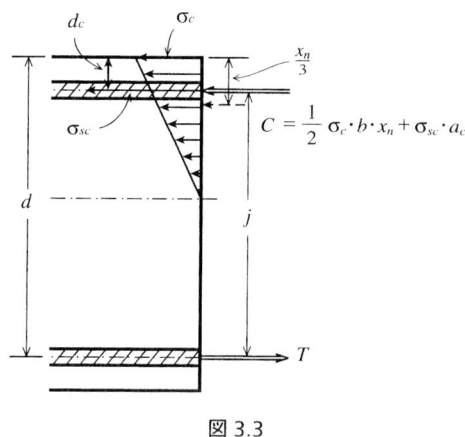

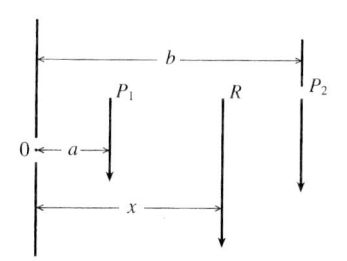

図 3.3

図 3.4 Varignon の定理

$$R \cdot x = P_1 \cdot a + P_2 \cdot b \tag{3.24}$$

図3.3にこの定理を適用すると、Cはコンクリートが負担している三角形分布の応力と圧縮鉄筋が負担している応力の合力であるから、引張鉄筋の位置を基準点として、モーメントを考えると、

$$C \cdot j = \sigma_{sc} a_c (d - d_c) + \frac{1}{2} \sigma_c b x_n \left(d - \frac{x_n}{3}\right) \tag{3.25}$$

式(3.25)に式(3.5)を代入すると、

$$\left(\frac{\sigma_c b x_n}{2} + \sigma_{sc} a_c\right) \cdot j = \sigma_{sc} a_c (d - d_c) + \frac{1}{2} \sigma_c b x_n \left(d - \frac{x_n}{3}\right) \tag{3.26}$$

さらに、式(3.16)を代入し、整理すると、

$$j = \frac{d}{3(1-x_{n1})} \cdot \left\{ (1-x_{n1})(3-x_{n1}) - \gamma\left(x_{n1} - \frac{d_c}{d}\right)\left(\frac{3d_c}{d} - x_{n1}\right) \right\} \quad (3.27)$$

単筋梁の場合は、$\gamma = 0$ となるので、

$$j = \left(1 - \frac{x_{n1}}{3}\right)d \quad (3.28)$$

これらの式より、応力中心間距離(j)はx_{n1}により決まることが分かる。また、x_{n1}は式(3.22), (3.23)よりp_tにより決まることが分かっているので、結局、p_tが決まると、x_{n1}もjも決まることとなる。

そこで、常用の鉄筋比$p_t = 1.0\%$程度までの範囲で、具体的にjがどの程度になるかを求めてみると、$j = 0.85d \sim 0.9d$となり、あまり大きな変動はないことが分かる。したがって、実用設計では、jの略算値として、0.85〜0.9の中間値をとって、下式で設計してもよいとしている。

$$j = \frac{7}{8}d = 0.875d \quad (3.29)$$

以上、式(3.16)よりσ_{sc}が、式(3.22)よりx_{n1}が、式(3.27)よりjが求まったので、これらを式(3.9)に代入し、整理すると、

$$M_1 = \frac{np_t f_c}{3x_{n1}} \cdot \left\{ (1-x_{n1})(3-x_{n1}) - \gamma\left(x_{n1} - \frac{d_c}{d}\right)\left(\frac{3d_c}{d} - x_{n1}\right) \right\} bd^2$$
$$\equiv C_1 bd^2 \quad (3.30)$$

同様に、式(3.7)に式(3.27)のjを代入すると、

$$M_2 = \frac{p_t f_t}{3(1-x_{n1})} \cdot \left\{ (1-x_{n1})(3-x_{n1}) - \gamma\left(x_{n1} - \frac{d_c}{d}\right)\left(\frac{3d_c}{d} - x_{n1}\right) \right\} bd^2$$
$$\equiv C_2 bd^2 \quad (3.31)$$

上の2式が曲げモーメントを受ける部材の最終的な設計式であり、式(3.30)は圧縮側のコンクリートの条件により決まる部材の許容曲げモーメントを表し、式(3.31)は引張側の鉄筋の条件により決まる許容曲げモーメントを表している。すなわち、式(3.30), (3.31)より求まる許容曲げモーメントM_1, M_2が、部材に作用する曲げモーメントを上回るように、p_t, f_c, f_t, γなどを決めればよい。

3.4 梁の設計図表とつりあい鉄筋比

現在は、パソコンが発達しているので、式(3.30),(3.31)より容易にp_tなどの必要量を求めることができるが、かつてパソコンが自由に使えない時代には、これらの式をグラフ化した設計図表が用いられていた。現在は、これらの設計図表を必ずしも用いる必要はないが、式の物理的意味を理解する上で有効であるので、式(3.30),(3.31)をグラフ化してみることとする。

いま、断面形状(b, D, d)は決まっているものとし、鉄筋とコンクリートの種類(f_c, f_t)および複筋比(γ)を決めると、許容曲げモーメント(M)はp_tのみの関数となるので、横軸にp_t、縦軸にM/bd^2をとり、式(3.30),(3.31)をグラフ化すると、図3.5に示す2曲線が得られる。

ここで、2曲線の交点の位置に相当する鉄筋比を**つりあい鉄筋比**といい、記号p_{tb}で表す。すなわち、いま決定されたp_tがp_{tb}と等しい$(p_t = p_{tb})$とすると、鉄筋とコンクリートが同時に許容応力度に到達することを意味している。これに対して、$p_t < p_{tb}$の範囲では、$M_2(C_2)$の線が$M_1(C_1)$の線より下にある(許容曲げモーメントが小さい)ので、コンクリートにはまだ余裕があるが、鉄筋の許容応

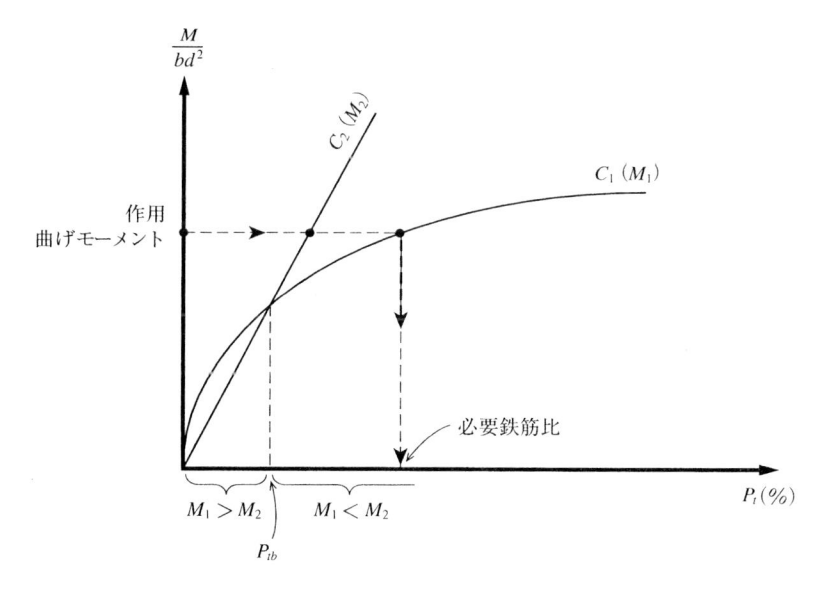

図3.5 Mとp_tの関係

力度により決まることとなり、$p_t > p_{tb}$ の範囲では、逆に鉄筋には余裕があるが、コンクリートの許容応力度により決まることとなる。したがって、材料効率としては、$p_t = p_{tb}$ の付近で設計できれば最も効率がよいこととなる。

つりあい鉄筋比 (p_{tb}) は、式 (3.30) と式 (3.31) の右辺を等しいとおいて、

$$p_{tb} = \frac{1}{2\left(1 + \dfrac{f_t}{nf_c}\right)\left\{\left(1 + \dfrac{\gamma d_c}{d}\right)\dfrac{f_t}{f_c} - n\gamma\left(1 - \dfrac{d_c}{d}\right)\right\}} \tag{3.32}$$

単筋の場合は、

$$p_{tb} = \frac{1}{2\left(1 + \dfrac{f_t}{nf_c}\right)\dfrac{f_t}{f_c}} \tag{3.33}$$

先に述べたように、図3.5は鉄筋とコンクリートの種類 (f_c, f_t) および複筋比 (γ) をある値に決めて描いたものであるので、これらの値が変わると当然違うグラフとなる。また、図3.5の2曲線は、上で述べたように下側の線 ($p_t \leq p_{tb}$ の範囲では $M_2(C_2)$、$p_t \geq p_{tb}$ の範囲では $M_1(C_1)$) のみが意味があるので、この下側の線のみを残し、複筋比 (γ) が変化した場合の例を図3.6、3.7に示す。ここで、図3.6は長期の場合、図3.7は短期の場合であり、コンクリートとしては $F_c = 24\,\text{N}/\text{mm}^2\,(240\,\text{kgf}/\text{cm}^2)$ を、鉄筋としては SD 345 を用いている。

これらの図から分かるように、$M_1(C_1)$ は複筋比 (γ) によりかなり変化するが、$M_2(C_2)$ はほとんど変化しない。

これらの図により設計を行うには、部材に作用する曲げモーメントを縦軸にプロットし、その点から右にのばした線と図の曲線の交点を求める。この点の鉄筋比が必要鉄筋比 (p_t) となるので、これに有効断面積 (bd) を掛けると必要鉄筋断面積 (a_t) が求まる。

$$a_t = p_t bd \tag{3.34}$$

その際、複筋比 (γ) の違いによって複数の交点がでてくるので、複筋比 (γ) を適当に選んでやると、鉄筋比が確定する。この時、交点がつりあい鉄筋比の近くにくるように γ を選べば、材料効率の良い設計となる。

また、圧縮側の断面が相対的に大きく、梁がつりあい鉄筋比以下 ($p_t < p_{tb}$) であることが明白な場合は、先に述べたように、実用上、式 (3.29) に示したように $j = 7d/8$ として、式 (3.8) を用いて略算的に設計してもよい。

3.4 梁の設計図表とつりあい鉄筋比　　　33

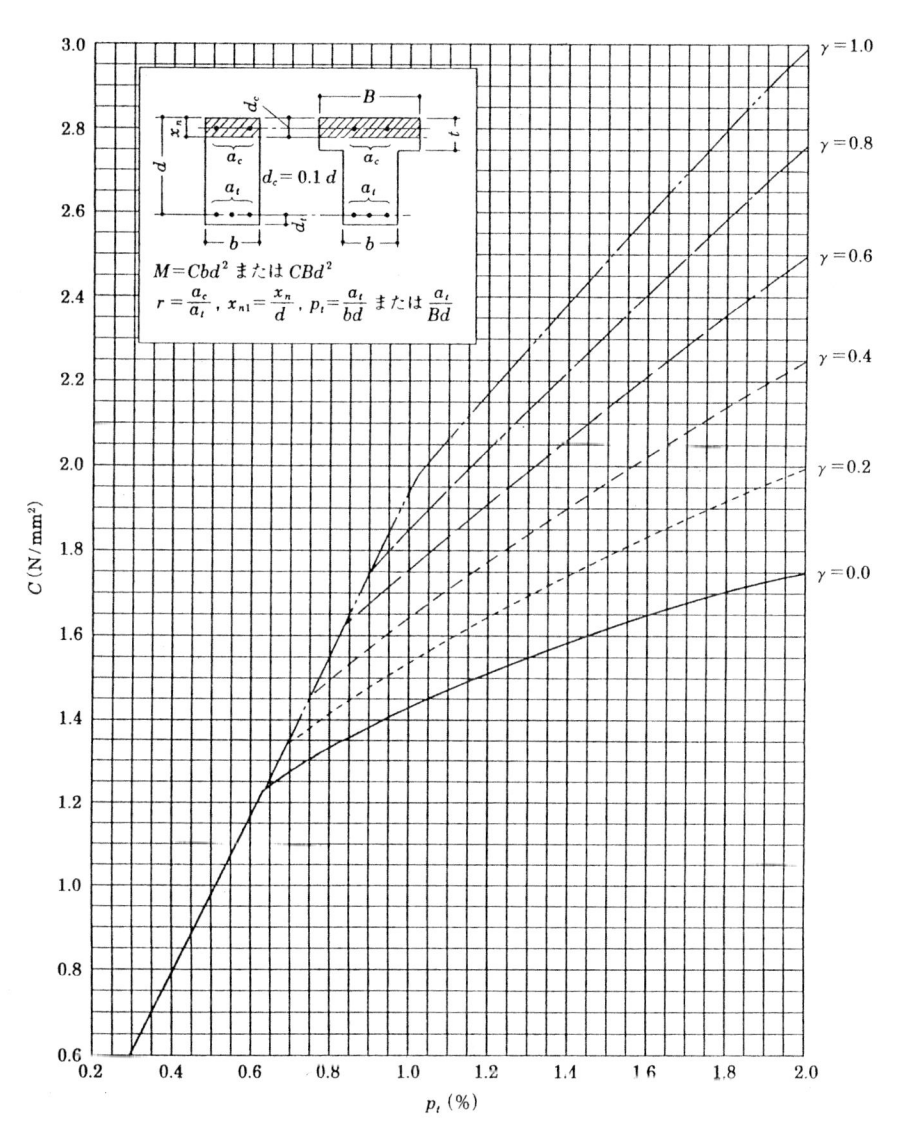

図 3.6 長方形梁の長期許容曲げモーメント（F_c = 24N/mm²、SD345、n = 15）

（出典：日本建築学会編『鉄筋コンクリート構造計算基準・同解説
—許容応力度設計法—』日本建築学会、1999 年）

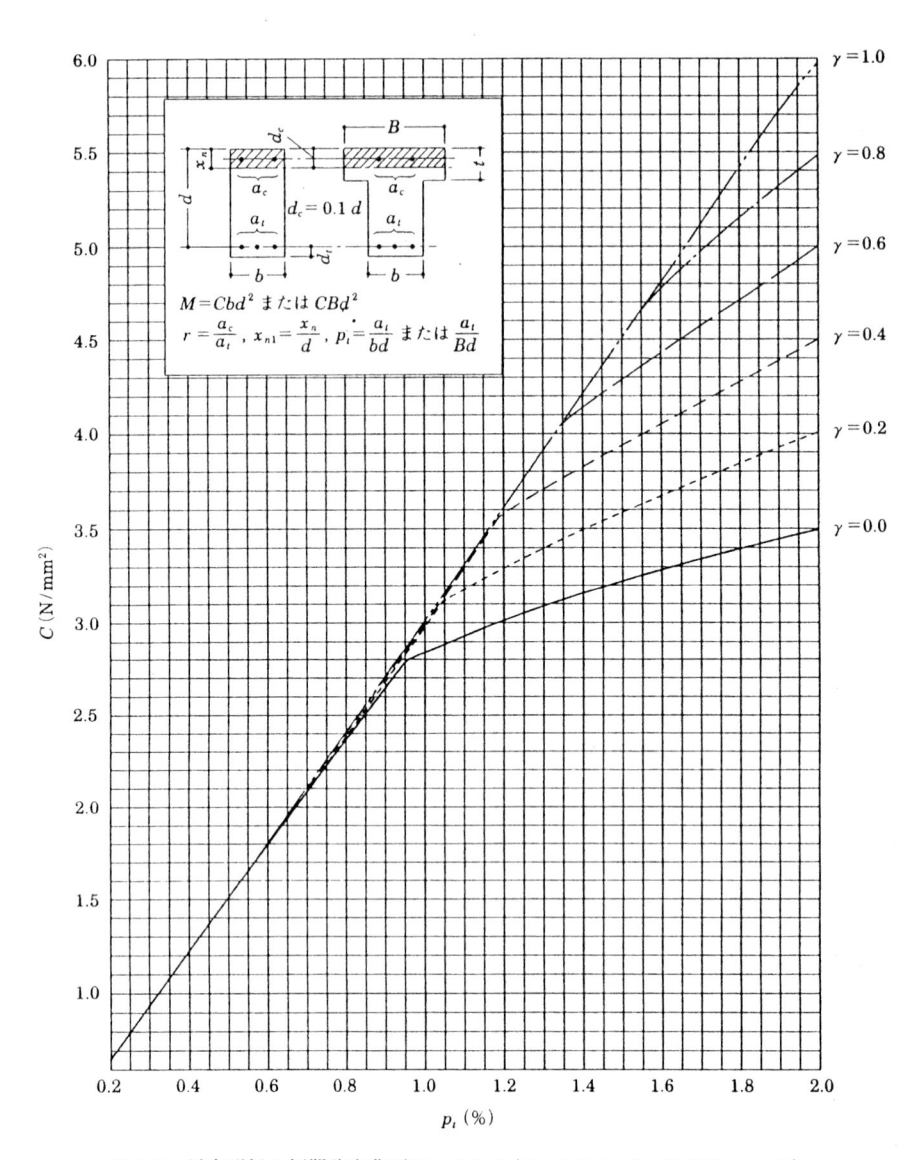

図 3.7 長方形梁の短期許容曲げモーメント (F_c = 24N/mm²、SD345、n = 15)
（出典：日本建築学会編『鉄筋コンクリート構造計算基準・同解説
—許容応力度設計法—』日本建築学会、1999 年）

3.5 T形梁

梁は、通常スラブと一体で造られるので、その断面形状は図3.8に示すようにT形断面となるのが一般的である。ただし、このスラブのどこまでが梁と一体的に、梁の一部として挙動するかを厳密に求めることは困難である。そこで、通常は、この梁と一体的に動く範囲(有効幅)を略算的に仮定することが多い。

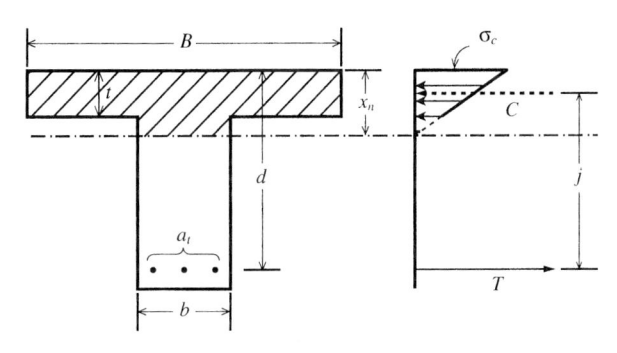

図 3.8 T形梁

3.5.1 T形梁の有効幅

T形梁の有効幅を略算的に求める方法としては、以下に示す方法が多用されている。

［ラーメン材および連続梁の場合］

$$b_a = \left(0.5 - \frac{0.6\,a}{\ell}\right)a \qquad (a < 0.5\,\ell \text{のとき})$$

または

$$b_a = 0.1\,\ell \qquad (a \geqq 0.5\,\ell \text{のとき}) \tag{3.35}$$

［単純梁の場合］

$$b_a = \left(0.5 - \frac{0.3a}{\ell_0}\right)a \qquad (a < \ell_0 \text{のとき})$$

または

$$b_a = 0.2\,\ell \qquad (a \geqq \ell_0 \text{のとき}) \tag{3.36}$$

ここに、a：梁の内のり間隔
ℓ：ラーメン材または連続梁のスパン長さ
ℓ_0：単純梁のスパン長さ

式(3.35), (3.36)により求めた有効幅に基づき、断面二次モーメントを計算して梁の剛比を求めることができる。しかし、実用設計においてはスラブのない長方形断面梁の剛比に対して、両側にスラブがある場合は2倍、片側にのみスラブがある場合には1.5倍というように、ごく大雑把な略算を用いることが多い。

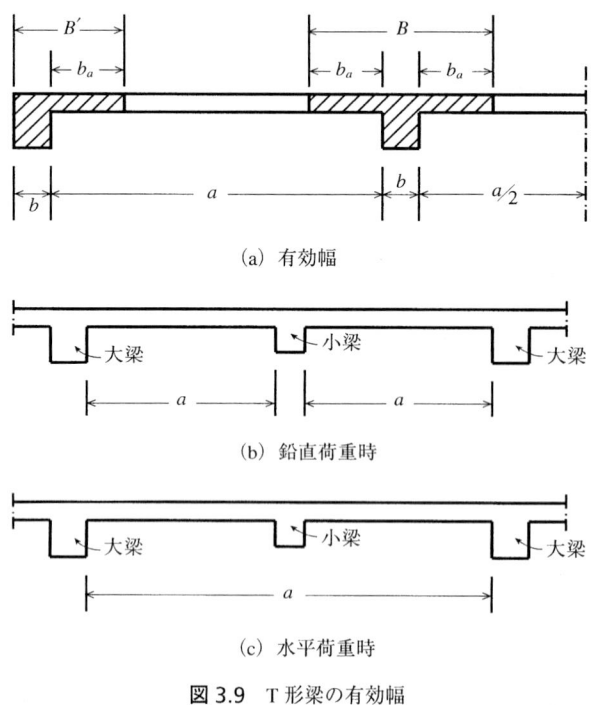

(a) 有効幅

(b) 鉛直荷重時

(c) 水平荷重時

図 3.9　T 形梁の有効幅

3.5.2　T形梁の断面算定

T形梁の断面算定、すなわち、必要鉄筋量の算定と配筋においては、図 3.10 に示すように、スラブ部分が引張側か、圧縮側かにより、その扱いが異なる。
図3.10(a)のように、スラブが引張側の場合、最初の基本仮定にあるように引

張域のコンクリートは無視されるので、実質的に長方形断面の場合と同じとなる。これに対して、図3.10(b), (c)のように、スラブが圧縮側の場合は、スラブの影響を考慮しなければならない。ただし、図3.10(b)のように、中立軸がスラブ内にある場合は、圧縮部分の断面形状が長方形となるので、幅Bの長方形断面梁と考えて算定することができる。一方、中立軸がスラブ外にある場合(図3.10(c))は、圧縮部分がT形断面となり、圧縮合力Cの式(式(3.5))が変わるので、それに応じて以降の式も変化してくることとなる。

しかし、スラブ側が圧縮となるT形梁の場合、圧縮部分の面積が相対的に大きく、ほとんどの場合引張鉄筋で決まることとなる(つりあい鉄筋比以下)ので、実用設計としては、前述のように$j = 7d/8$として、式(3.8)で略算することが多い。

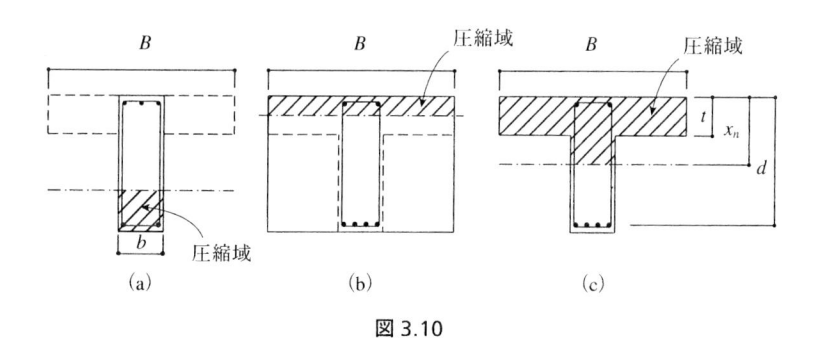

図 3.10

3.6 構造制限

前節までに述べた方法により、梁の設計を行うことができるが、最低限の使用性能と構造安全性の確保のために、学会規準[1]では以下のような計算外の**構造制限**を設けている。

(1) 長期荷重時に正負最大曲げモーメントを受ける部分(一般の梁では端部上端と中央下端)の引張鉄筋断面積は、$0.004 bd$ ($p_t = 0.4\%$)または存在応力(長期)によって必要とする量の4/3倍のうち、小さい方の値以上とする。(この規程は、引張鉄筋が極端に少ないと、降伏モーメントがひびわれモーメントより小さくなることがあり、その場合、ひびわれ発生と同時に鉄筋が降伏し、急激な剛性低下を生じる可能性があるので、それを防止するためのもの。また、

4/3倍というのは、基礎梁やウォールガーダーなどの大きな断面の梁で、現実に0.4%を入れられない場合の緩和値。)

(2) 主要な梁は、全スパンにわたり複筋梁($\gamma>0$)とする。ただし、鉄筋軽量コンクリート梁の圧縮鉄筋断面積は、所用引張鉄筋断面積の0.4倍以上($\gamma\geq0.4$)とする。(圧縮鉄筋はクリープたわみの防止、破壊時の靭性確保に有効。軽量コンクリートは普通コンクリートに比べてヤング率が小さく、クリープたわみも大きくなる傾向があるので、$\gamma\geq0.4$とする。)

(3) 主筋は、異形鉄筋D13以上とする。(鉄筋太さの最低限の規程。通常、最低でもD16を、一般にはD19～D29を用いる。)

(4) 主筋のあきは、25mm以上、かつ、異形鉄筋の径(呼び名の数値mm)の1.5倍以上とする。(25mmはコンクリートの骨材の最大粒径で、これ以上あきがないと、骨材が鉄筋に引っかかってフタをした状態となるので、コンクリートの打設ができない。また、鉄筋の間隔が狭いと2.3節(図2.7)でも述べたように、鉄筋どうしを結ぶ形でひびわれが入り、いわゆる付着割裂破壊を生じる。)

(5) 主筋の配置は、特別の場合を除き2段以下とする。(多段配筋になると、図3.11(b)に示すように、応力中心間距離jが短くなり、応力が増大するので危険。)

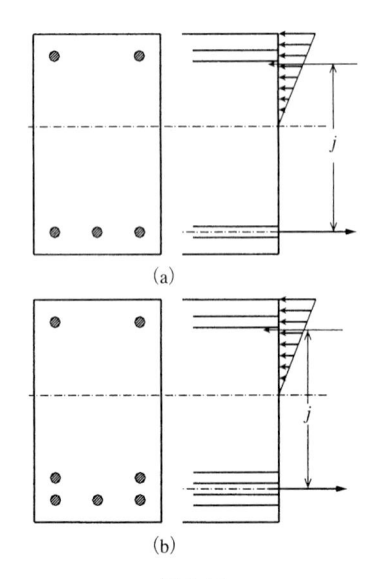

図 3.11

3.6　構造制限

[例題 3.1]

図3.12に示すような曲げモーメントを受ける梁の設計を行う。梁の断面寸法、使用材料の種類等は以下に示す通りとする。

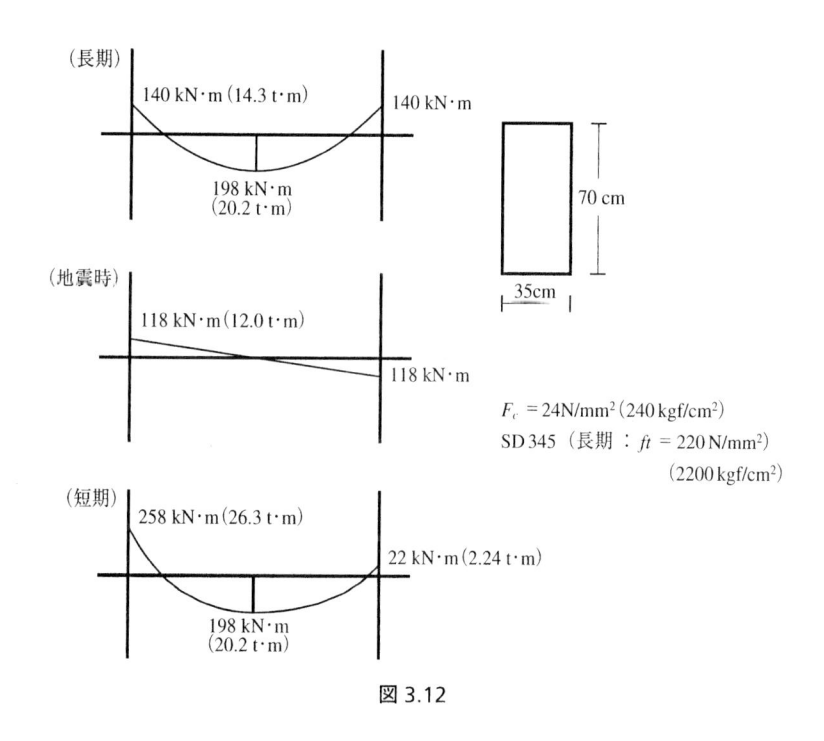

(長期)
140 kN·m (14.3 t·m)　　140 kN·m
198 kN·m (20.2 t·m)

(地震時)
118 kN·m (12.0 t·m)
118 kN·m

70 cm
35 cm

$F_c = 24\,\text{N/mm}^2\,(240\,\text{kgf/cm}^2)$
SD 345（長期：$f_t = 220\,\text{N/mm}^2$）
$(2200\,\text{kgf/cm}^2)$

(短期)
258 kN·m (26.3 t·m)　　22 kN·m (2.24 t·m)
198 kN·m (20.2 t·m)

図 3.12

＜梁端部の設計＞

> 梁端部は、上側(スラブ側)引張の曲げモーメントを受けるので、長方形断面梁として設計すればよい。設計図表を用いるとすると、先ずCを求める必要がある。

いま、梁せいは 70 cm であり、かぶり厚さの最小値(表 2.2 参照)を参考にして、引張鉄筋の中心からコンクリート表面までの距離(d_t)を 6 cm 程度とすると、有効せい d は、

$$d = D - d_t = 70 - 6 = 64\,\text{cm}$$

となる。

> 鉄筋の配置の状況は、梁主筋の外側を肋筋が取り巻き、その外側にかぶりコンクリートがあるという形になっているので、d_t は［かぶり厚さ＋肋筋径＋主筋径/2］となる。したがって本例の場合、表2.2 よりかぶり厚さ40 mm、また、肋筋径10 mm、主筋径19 mm であるので、$d_t = 40 + 10 + 19/2 = 59.5 ≒ 60$ mm

（長期荷重時）

$$C = \frac{M}{bd^2} = \frac{140 \times 10^6}{350 \times 640^2} = 0.98 \text{ N/mm}^2 (10.0 \text{ kgf/cm}^2)$$

設計図表より、$\gamma = 0.4$ とすると、$p_t = 0.50\%$ となる。

> ここで、複筋比 γ については、設計者が適当に決めればよい。ただし、構造制限により、$\gamma > 0$ とする。いま、C が大きい場合は、前述のようにつりあい鉄筋比付近になるように γ を決めれば、効率の良い設計となるが、本例のように C が小さい場合は、γ による違いはほとんどないので、どんな値でもよい。ただし、実際に配筋すると、結果として $\gamma = 0.5$ 程度になることが多いので、計算の簡単さもあって、$\gamma = 0.5$ とすることも多い。

（短期荷重時）

$$C = \frac{M}{bd^2} = \frac{258 \times 10^6}{350 \times 640^2} = 1.80 \text{ N/mm}^2 (18.4 \text{ kgf/cm}^2)$$

設計図表より、

$\gamma = 0.4$ とすると $p_t = 0.60\%$

となる。以上より、長期、短期の両方を満足する値として、$p_t = 0.60\%$ が求まる。そこで、必要鉄筋量は、

$a_t = p_t bd = 0.006 \times 35 \times 64 = 13.44$ cm^2

また、

3.6 構造制限

$a_c = \gamma a_t = 0.4 \times 13.44 = 5.38$ cm^2

配筋は付表1, 2 (p.163, 164) の鉄筋の断面積表を参考にして行うこととなるが、その許容付着応力度の違いから、現在では主筋として丸鋼を用いることはほとんどない。そこで、ここでも付表2により行うこととする。

ここではD19を使用することとしたので(用いる鉄筋の太さは設計者が決める。構造制限では、D13以上となっているが、通常、梁主筋としてはD19～29程度を用いる。)、D19の欄で、$a_t > 13.44$ cm^2 を満たす鉄筋本数を求めると、5本となる。また、圧縮鉄筋は、$a_c > 5.38$ cm^2 より2本となる。

$a_t > 13.44$ cm^2 $\Rightarrow$ 5-D19
$a_c > 5.38$ cm^2 $\Rightarrow$ 2-D19

次にこの本数を、構造制限(4)を満足するように梁内に配置できるかどうかをチェックする。付表3～5はそのための表で、構造制限(4)を満足する間隔で鉄筋を配置したとき、最低どの程度の梁幅が必要かを示したものである。各表の差は、肋筋の工作方法による違いである。例えば、付表4(a)を用いて、D19を5本ならべる場合を見ると、肋筋はD10であるので最低34.5 cmの梁幅が必要となる。本例題の梁幅は35 cmであるので条件を満たしており、最終的に図3.13に示す配筋となる。

5-D19の最小梁幅 = 34.5cm < 35cm　　　　　　　　OK

<梁中央部の設計>

梁中央部は上側(スラブ側)圧縮の曲げモーメントを受けるので、T形梁となる。T形梁では、コンクリート断面が大きく、つりあい鉄筋比以下となることが明らかなので、実用設計では通常下式により設計する。また、中央部では地震時モーメントは小さいので、長期のみ検討する。

$a_t = \dfrac{M}{f_t \, j} = \dfrac{198 \times 10^6}{220 \times 560} = 1607$ mm^2 = 16.07 cm^2

ここで、

$$j = \frac{7}{8}d = \frac{7}{8} \times 640 = 560 \text{ mm}$$

構造制限(1)より、長期で決まる場合は、$p_t \geqq 0.4\%$としなければならないので、いま求めた鉄筋量(a_t)が0.4%以上の鉄筋比となっているかどうかを確認し、0.4%以下の場合は鉄筋量を増して0.4%以上となるようにする。

$$a_t = 16.07 \text{ cm}^2 \geqq \frac{0.4}{100} \times 35 \times 64 = 8.96 \text{ cm}^2 \qquad \underline{\text{OK}}$$

鉄筋の太さは、当然梁端部と同じとしないと配筋ができないので、D19を用いる(通常、1本の梁内で使用する鉄筋の太さは1種類とする。また、一般の設計では、無用な間違いを防ぐ意味でも、建物のすべての梁の鉄筋を1種類に統一することが多い。)こととし、付表2により必要本数を求めると、6本となる。また、つりあい鉄筋比以下であるので、圧縮鉄筋は0でなければよい。そこで、ここでは最低限の2本とする。

$$a_t > 16.07 \text{ cm}^2 \quad \Rightarrow \quad 6\text{-D}19$$

圧縮鉄筋は2-D19とする。

$$6\text{-D}19 \text{ の最小梁幅} = 40 \text{cm} > 35 \text{cm} \qquad \underline{\text{NG}} \quad \Rightarrow \quad 2 段配筋とする。$$

次に、付表4(a)を用いて最低梁幅を求めると、40 cmとなり、本例題の梁幅35 cmをオーバーしてしまう。つまり、35 cmの梁幅に6本の鉄筋を1列に並べることはできないということである。そこで、図3.13に示すように2段配筋とし、1段目4本、2段目2本の計6本とする。(構造制限(5)より、2段までは可能。ただし、主筋は肋筋に結束することによって、梁内の正しい位置に固定でき、コンクリート打設中の鉄筋の移動を防止できるので、一般的には肋筋のない部分には配筋できない。つまり、2段目に配筋する場合、両側の肋筋に1本づつで、最大2本までということである。[特殊な配筋により3本以上配筋することもできるが、極力避けるべきであろ

う〕また、2段配筋では引張鉄筋の重心が中央よりにずれて応力中心間距離 j が小さくなり、不利側の設計となるので余裕を持った配筋としなければならない。)

図 3.13 が、梁端部および中央部の最終的な配筋状態である。

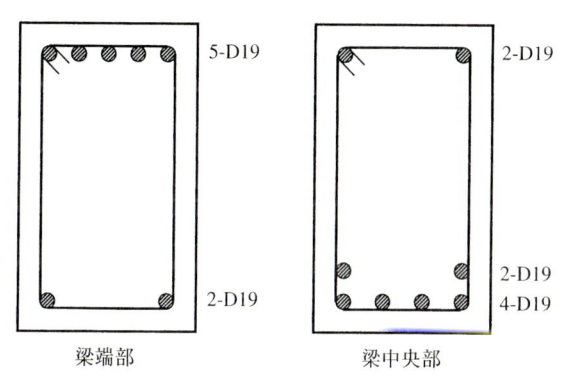

図 3.13 配筋状態

梁端部: 5-D19, 2-D19
梁中央部: 2-D19, 2-D19, 4-D19

演習問題

[問題 3.1]

図3.14に示すような応力を受ける梁の左端部の設計を行い、配筋を決定せよ。ただし、コンクリートは $F_c = 24\,\text{N/mm}^2\,(240\,\text{kgf/cm}^2)$ を用い、主筋はD 19（SD 345）を、また肋筋はD 10（SD 295）を用いることとする。

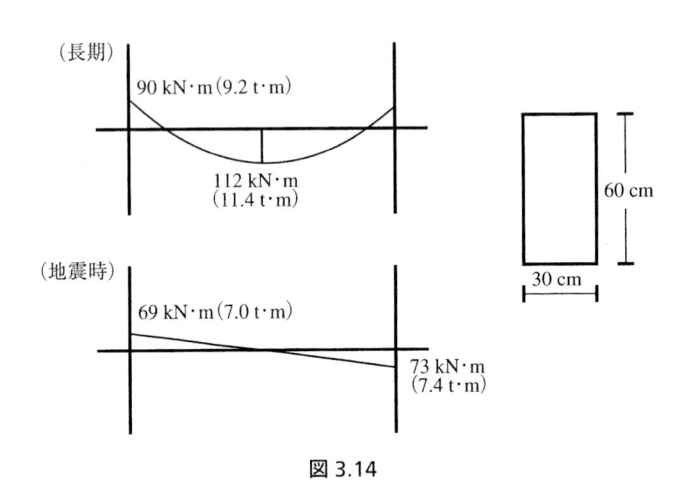

(長期)
90 kN·m (9.2 t·m)
112 kN·m (11.4 t·m)

(地震時)
69 kN·m (7.0 t·m)
73 kN·m (7.4 t·m)

60 cm
30 cm

図 3.14

[問題 3.2]

問題3.1の梁の中央部について設計し、配筋を決定せよ。使用するコンクリート、鉄筋等は問題3.1と同様とする。

[問題 3.3]

図3.15に示すような応力を受ける梁の左端部の設計を行い、配筋を決定せよ。ただし、コンクリートは $F_c = 24\,\text{N/mm}^2\,(240\,\text{kgf/cm}^2)$ を用い、主筋はD 22（SD 345）を、また肋筋はD 10（SD 295）を用いることとする。

(長期)

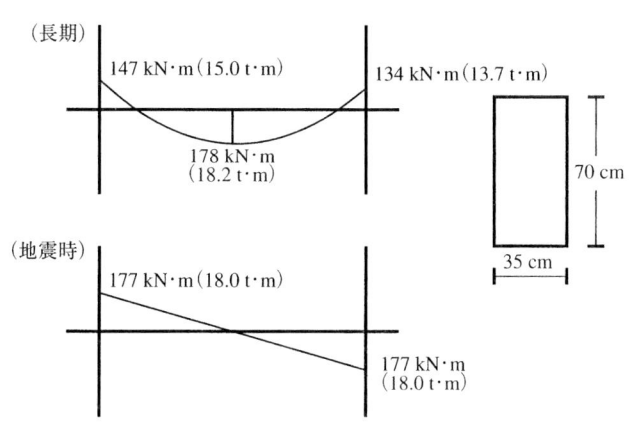

147 kN·m (15.0 t·m)   134 kN·m (13.7 t·m)

178 kN·m
(18.2 t·m)

(地震時)

177 kN·m (18.0 t·m)

177 kN·m
(18.0 t·m)

70 cm

35 cm

図 3.15

第 4 章
柱(軸力と曲げを受ける部材)の設計

4.1 設計(断面算定)の基本仮定

柱が梁と違う点は、曲げモーメントのみでなく、軸力も同時に作用する点である。この二つの力は同じ方向の応力として作用するので、切り離して考えることはできない。しかし、柱の設計を行う場合も、梁の場合と全く同じ基本仮定に基づいて設計すればよい。すなわち、

(1) コンクリートの引張強度は無視する。($F_t = 0$)
(2) コンクリートと鉄筋のヤング係数比は一定値をとる。($n = {_s}E/{_c}E = 15$)
(3) 材軸に直角な断面は、部材の湾曲後も材軸に直角な平面を保つ。

4.2 柱の断面の状態

柱の設計においても、断面の状態(変形状態、応力状態)を把握しておくことがもっとも重要である。いま均質な材料でできた部材に軸力と曲げモーメントが同時に作用した状態を考えると、弾性範囲であれば、その応力状態は図4.1に示すように、曲げによる応力(図4.1(a))と軸力による応力(図4.1(b))を単純に合計した状態(図4.1(c))と考えてよい。また、ここでは、一部引張りが残る状態を示したが、相対的に曲げが小さい(軸力が大きい)と全断面圧縮となる場合もある。

図 4.1

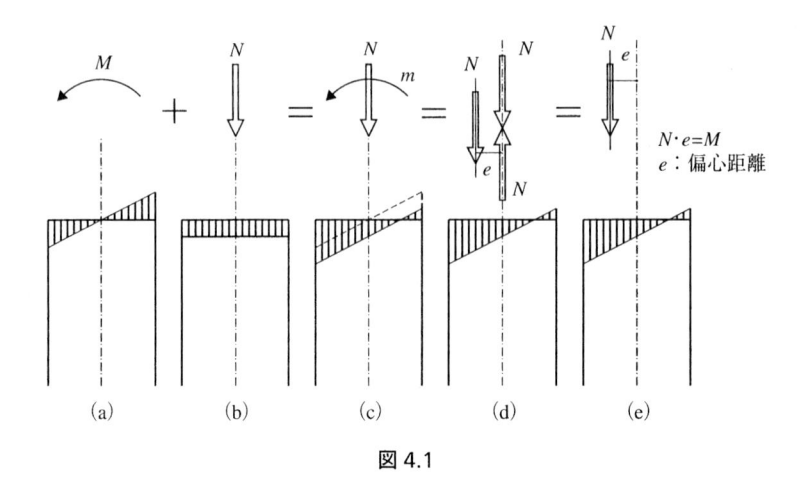

また、曲げモーメントは偶力と見ることもできるので、大きさ N で、距離 e の偶力で置き換えると、図4.1(d)となり、最終的に図4.1(e)となる。すなわち、図4.1(e)は曲げと軸力を合成した状態と考えることができる。ここで、当然ながら、M と N は下式の関係にある。

$$M = N \cdot e \tag{4.1}$$

図4.1は、前述のように均質材料の部材の場合であり、鉄筋コンクリート部材の場合は、梁の場合にも示した(図3.1)ように、上記基本仮定により、もう少し複雑な分布状態となる。

(1) 中立軸断面外(全面圧縮)の場合の応力状態

いま相対的に軸力が大きく、中立軸が断面外にある場合の鉄筋コンクリート柱の応力状態を示すと図4.2のようになる。ここで、断面形状を楕円のような変な形に描いたのは、柱の場合は梁と異なり、円形や多角形など長方形以外の断面形状となる場合も多いので、一般的な断面形状に対応できるようにしたものである。

図中の σ_0 は、中立軸から距離 1 の位置での応力の大きさを示しており、したがって、中立軸から距離 y の位置にある微少断面積 dA_c に作用する応力の大きさは、$\sigma_0 \cdot y \cdot dA_c$ となる。

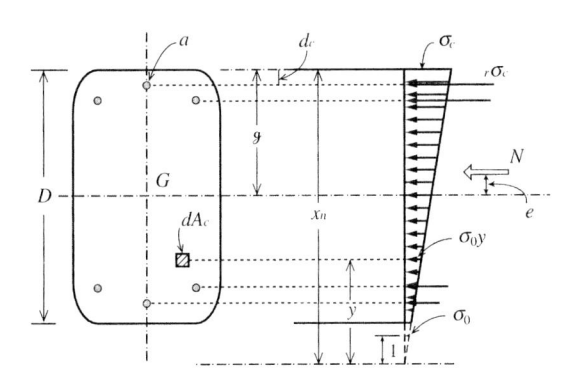

図 4.2　軸力と曲げを受ける部材の応力分布（中立軸断面外）

(2) 中立軸断面内（一部引張り）の場合の応力状態

次に相対的に曲げが大きく、中立軸が断面内にある場合の RC 柱の応力状態を示すと図 4.3 のようになる。

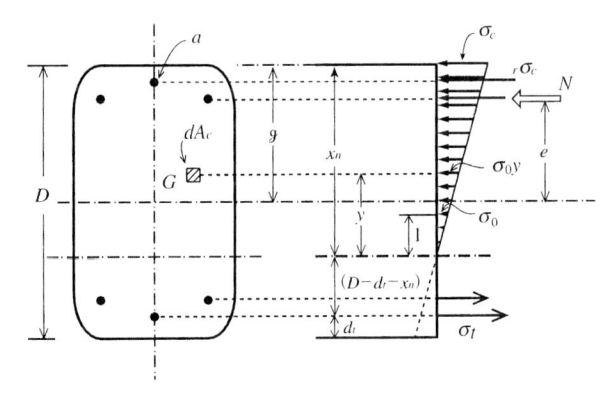

図 4.3　軸力と曲げを受ける部材の応力分布（中立軸断面内）

基本的には図4.2と同じであるが、一部引張応力があり、その引張応力はコンクリートは負担できないので、すべて鉄筋が負担している。

4.3　力のつりあいと柱の設計基本式

図4.2、4.3において、材軸方向の力のつりあいを考えると、コンクリートに

作用している応力(前述の $\sigma_0 \cdot y \cdot dA_c$)を圧縮領域の全断面積について合計したものと、鉄筋に作用している応力(同じ位置のコンクリート応力 $[\sigma_0 y]$ をヤング係数比 $[n]$ 倍すると鉄筋の応力となる)を鉄筋本数分だけ合計したものを合わせると、全応力となり、N と等しくなるので、

$$N = \int (\sigma_0 y)\, dA_c + \Sigma (n\, \sigma_0 y)\, a = \sigma_0 \left(\int y\, dA_c + n\, \Sigma\, ya \right) \quad (4.2)$$
　　　(コンクリート分)　(鉄筋分)

ここで、$(\int y\, dA_c + n\, \Sigma\, ya)$ は断面一次モーメントの定義そのものであり、鉄筋を等価なコンクリートに置き換えたRC柱の中立軸回りの等価断面一次モーメントになっている。そこで、これを記号 S_n で表すこととすると、

$$N = \sigma_0 S_n \quad (4.3)$$

また、図4.2または図4.3において、コンクリートの圧縮側の縁の最大応力度および圧縮鉄筋、引張鉄筋の応力度を σ_0 を用いて表すと、

(コンクリートの最大圧縮応力度)

$$\sigma_c = \sigma_0 x_n = \frac{N x_n}{S_n} \quad (4.4)$$

(圧縮鉄筋の応力度)

$${}_r\sigma_c = \sigma_0 n\, (x_n - d_c) = \frac{N n (x_n - d_c)}{S_n} \quad (4.5)$$

(引張鉄筋の応力度)

$${}_r\sigma_t = \sigma_0 n\, (D - d_t - x_n) = \frac{N n (D - d_t - x_n)}{S_n} \quad (4.6)$$

これらの式(4.4)〜(4.6)に示す各応力度が各々コンクリートと鉄筋の許容応力度の限度一杯になった(すなわち、各応力度を許容応力度で置き換えて)として、各式を $N =$ の形に書き直すと、各々の状態に対応した許容軸力の式が求まる。すなわち、

(圧縮コンクリート)

$$N_1 = f_c \frac{S_n}{x_n} \quad (4.7)$$

4.3 力のつりあいと柱の設計基本式

(圧縮鉄筋)
$$N_2 = f_t \frac{S_n}{n(x_n - d_c)} \tag{4.8}$$

(引張鉄筋)
$$N_3 = f_t \frac{S_n}{n(d - x_n)} \tag{4.9}$$

ここで、$d = D - d_t$

これらの式が、いわばRC柱の設計基本式であるが、一般的には式(4.8)のN_2(圧縮鉄筋)で決まることはほとんどないので、設計としては圧縮コンクリート(N_1)と引張鉄筋(N_3)をチェックすればよい。そこで、式(4.7),(4.9)内のS_nおよびx_nを求めることにより、最終的な設計式が得られる。

先ず最初にx_nを求めてみよう。x_nを求めるには、梁の設計においても用いたVarignonの定理(式(3.24)参照)を再び利用する。つまり、式(4.2)に示したように、コンクリートの応力と鉄筋の応力の合力がNであるので、中立軸回りのモーメントについてVarignonの定理を適用すると、

$$\begin{aligned}N(e + x_n - g) &= \int (\sigma_0 y)\, dA_c \cdot y + \Sigma(n\, \sigma_0 y) a \cdot y \\ &= \sigma_0 (\int y^2\, dA_c + n \Sigma y^2 a) \end{aligned} \tag{4.10}$$

ここで、右辺の$(\int y^2\, dA_c + n \int y^2 a)$は、鉄筋を等価なコンクリートに置き換えた等価断面二次モーメントになっている。そこで、これを記号I_nで表すこととすると、

$$N(e + x_n - g) = \sigma_0 I_n \tag{4.11}$$

式(4.11)に式(4.3)を代入し、両辺を$\sigma_0 S_n$で割ると、

$$e + x_n - g = \frac{I_n}{S_n} \tag{4.12}$$

この式から直接x_nが求まるように見えるが、実はI_n, S_nがx_nを含んだ形となっているので、最終的には上式はx_nの高次式となる。

また、柱では一般的に鉄筋の配置は対称形とすることが多いので、$g = D/2$となり、式(4.12)は

$$e + x_n - \frac{D}{2} = \frac{I_n}{S_n} \tag{4.13}$$

4.4 つりあい中立軸比

梁の設計においては、ある特定の鉄筋比(つりあい鉄筋比)において、圧縮コンクリートと引張鉄筋がほぼ同時に限界に到達するという状況が生じ、その状態が最も材料効率のよい設計となる。柱においては、前節の N_1 と N_3 が等しい場合がこの状態に相当する。そこで、式(4.7), (4.9)で $N_1 = N_3$ とおくと、

$$f_c \frac{S_n}{x_n} = f_t \frac{S_n}{n(d - x_n)} \tag{4.14}$$

x_n について整理すると、

$$x_{n1b} = \frac{d_1}{1 + \dfrac{f_t}{nf_c}} \tag{4.15}$$

ここで、

$$x_{n1} = \frac{x_n}{D}, \quad d_1 = \frac{d}{D}$$

すなわち、柱においては鉄筋比ではなく、中立軸比の値によりつりあい状態(コンクリートと鉄筋が同時に限界に到達する状態)となるかどうかが決まり、この中立軸比の値 (x_{n1b}) を**つりあい中立軸比**という。

4.5 長方形断面柱の設計式と設計図表

先に述べたように、これまでは一般的な断面形状に基づいて式を展開してきたので、式(4.15)までの式はどのような断面形状に対しても適用できる。しかし、式(4.7), (4.9)を用いて設計するためには、等価断面一次モーメント S_n を求め、さらに式(4.13)により x_n を求めなければならず、そのためには断面形状を具体的に決めることが必要である。

4.5 長方形断面柱の設計式と設計図表

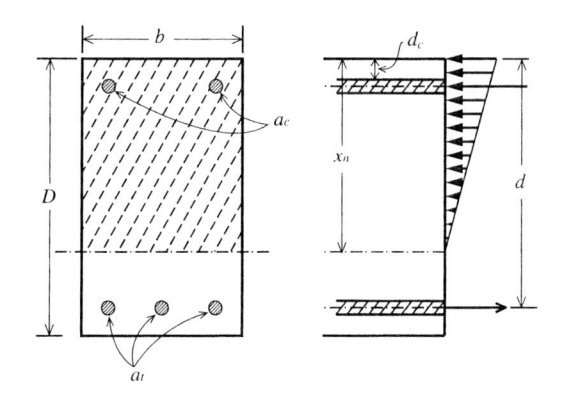

図 4.4 長方形断面柱(中立軸断面内)

そこで、いま図4.4に示すような長方形断面柱を例に取り、具体的にS_n, x_nを求めてみよう。図のように、中立軸が断面内にあるとすると、S_n, I_nは以下のようになる。

$$S_n = \frac{bx_n^2}{2} + na_c(x_n - d_c) - na_t(d - x_n) \tag{4.16}$$

$$I_n = \frac{bx_n^3}{3} + na_c(x_n - d_c)^2 + na_t(d - x_n)^2 \tag{4.17}$$

式(4.16), (4.17)を式(4.13)に代入し整理すると、

$$\frac{x_{n1}^3}{6} + \frac{1}{2}\left(e_1 - \frac{1}{2}\right)x_{n1}^2 + \left\{np_c\left(e_1 - \frac{1}{2} + d_{c1}\right) + np_t\left(e_1 - \frac{1}{2} + d_1\right)\right\}x_{n1}$$
$$- np_c\left(e_1 - \frac{1}{2} + d_{c1}\right)d_{c1} - np_t\left(e_1 - \frac{1}{2} + d_1\right)d_1 = 0 \tag{4.18}$$

ここで、

$$x_{n1} = \frac{x_n}{D}, \quad e_1 = \frac{e}{D}, \quad d_{c1} = \frac{d_c}{D}$$

また、柱の場合は、

$$p_t = \frac{a_t}{bD}, \quad p_c = \frac{a_c}{bD}$$

この場合、式(4.13)はx_nの三次式(4.18)となっており、この式(4.18)を解いてx_nを求めることができる。

ここで、式(4.18)から求まったx_nが、$x_{n1} > x_{n1b}$の関係にある場合は、圧縮コ

ンクリートで決まることとなるので、式(4.7)に式(4.16)を代入すると、

$$N = \frac{f_c}{x_{n1}} \cdot \left\{ \frac{x_{n1}^2}{2} + np_c(x_{n1} - d_{c1}) + np_t(x_{n1} - d_1) \right\} bD \quad (4.19)$$

ここで、$M = N \cdot e$ より、式(4.19)のNにeを乗じると、

$$M = \frac{f_c}{x_{n1}} \cdot \left\{ \frac{1}{12} x_{n1}^2 (3 - 2x_{n1}) + np_c(x_{n1} - d_{c1}) \left(\frac{1}{2} - d_{c1} \right) \right.$$
$$\left. + np_t(x_{n1} - d_1) \left(\frac{1}{2} - d_1 \right) \right\} bD^2 \quad (4.20)$$

この式(4.19),(4.20)が最終的な柱の設計式であり、梁の場合の式(3.30),(3.31)に対応している。すなわち、柱に作用する軸力と曲げモーメントが、式(4.19),(4.20)により求まる許容の軸力と曲げモーメントの組み合わせをオーバーしないように設計すればよい。

また、同様に$x_{n1} < x_{n1b}$の場合は、引張鉄筋で決まることとなるので、式(4.9)に式(4.16)を代入すると、

$$N = \frac{f_t}{n(d_1 - x_{n1})} \cdot \left\{ \frac{x_{n1}^2}{2} + np_c(x_{n1} - d_{c1}) + np_t(x_{n1} - d_1) \right\} bD \quad (4.21)$$

$M = N \cdot e$ より、

$$M = \frac{f_t}{n(d_1 - x_{n1})} \cdot \left\{ \frac{1}{12} x_{n1}^2 (3 - 2x_{n1}) + np_c(x_{n1} - d_{c1}) \left(\frac{1}{2} - d_{c1} \right) \right.$$
$$\left. + np_t(x_{n1} - d_1) \left(\frac{1}{2} - d_1 \right) \right\} bD^2 \quad (4.22)$$

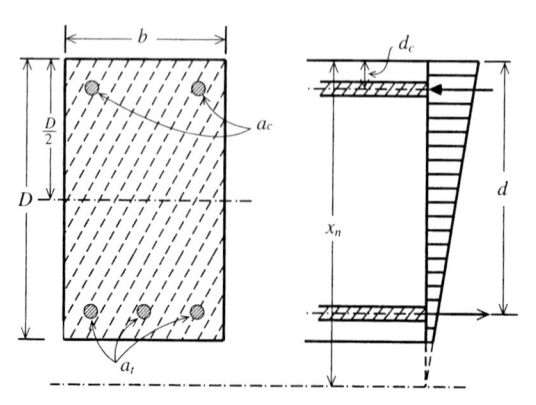

図4.5 長方形断面柱(中立軸断面外)

4.5 長方形断面柱の設計式と設計図表

図4.5のように中立軸が断面外にあり、全断面が圧縮の場合は S_n, I_n は以下のようになる。

$$S_n = bD\left(x_n - \frac{D}{2}\right) + na_c(x_n - d_c) + na_t(x_n - d) \tag{4.23}$$

$$I_n = \frac{bD^3}{12} + bD\left(x_n - \frac{D}{2}\right)^2 + na_c(x_n - d_c)^2 + na_t(x_n - d)^2 \tag{4.24}$$

この場合は、引張鉄筋はないので、圧縮コンクリートで決まることとなり、式(4.7)に式(4.23)を代入すると、

$$N = \frac{f_c}{x_{n1}} \cdot \left\{ x_{n1} - \frac{1}{2} + np_c(x_{n1} - d_{c1}) + np_t(x_{n1} - d_1) \right\} bD \tag{4.25}$$

$M = N \cdot e$ より、

$$M = \frac{f_c}{x_{n1}} \cdot \left\{ \frac{1}{12} + np_c(x_{n1} - d_{c1})\left(\frac{1}{2} - d_{c1}\right) \right. \\ \left. + np_t(x_{n1} - d_1)\left(\frac{1}{2} - d_1\right) \right\} bD^2 \tag{4.26}$$

これらの許容の軸力と曲げモーメントを表わす3組の式 {[(4.19), (4.20)]、[(4.21), (4.22)]、[(4.25), (4.26)]} が最終的な柱の設計式である。そこで、梁の場合と同様に、これらの式をグラフ化してみる。

いま、断面形状 (b, D) は決まっているものとし、鉄筋とコンクリートの種類 (f_c, f_t) を決めて、N, M と p_t の関係を、縦軸に N/bd をとり、横軸に M/bd^2 をとってグラフに表すこととする。また、ここで $p_c = p_t$ とし、$d_c = d_t = 0.1D$ とする。(RC柱においては、地震時の繰り返し荷重による応力が主要な応力となるので、梁のように引張側が固定していない。例えば、右から地震力を受けた場合、柱の左側部分は圧縮側となるが、次の瞬間には、左からの地震力により引張側となる。そこで、実際の設計においては圧縮側も引張側と等量の配筋とするのが一般的である。)

図4.6はグラフを模式的に表したものである。ここで、図中の上の破線は、$x_{n1} = 1.0$ に相当し、下の破線は $x_{n1} = x_{n1b}$ に相当している。図に示すように、p_t を決めると、上述の3組の式は連続した一本の曲線となり、上の破線 ($x_{n1} = 1.0$ の線) から上が全断面圧縮の場合の式(4.25), (4.26)を表し、下の破線 ($x_{n1} = x_{n1b}$ の線) から下が引張鉄筋で決まる式(4.21), (4.22)を、また、その中間が圧縮コンクリートで決まる式(4.19), (4.20)を表している。

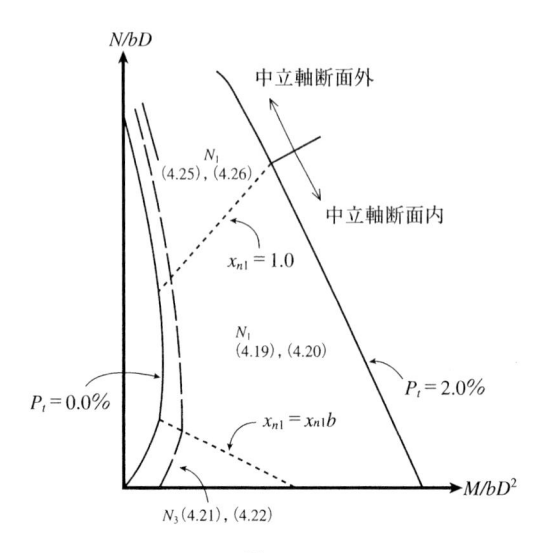

図 4.6

　代表的な鉄筋とコンクリートの組み合わせについて、長期、短期各々の設計図表の例を図4.7、4.8に示す。図4.7が長期、4.8が短期の場合であり、コンクリートとしては F_c = 24N/mm^2 (240kgf/cm^2) を、また鉄筋としては SD345 を用いた場合を示している。

　ここで、忘れてはならないのは、これらの図は上述のように、$p_c = p_t$、$d_c = d_t = 0.1D$ の場合について描いたものであるということである。したがって、状況がこれらと大きく異なってくる場合には、その条件の違いを十分考慮して設計しなければならない。

　一般に、$p_c ≠ p_t$ となることは少ないが、d_c、d_t の寸法は梁と同様の考え方で(かぶり厚さ＋帯筋径＋主筋径/2)とすると、6～7cm程度となるので、柱の断面寸法によっては必ずしも 0.1D とはならない。$d_c = d_t ≦ 0.1D$ の場合(柱が太い場合)は、安全側となるので問題ないが、$d_c = d_t ≧ 0.1D$ の場合(柱が細い場合)は、何らかの補正をしないと危険である。その際、厳密な補正をすることは困難であるので、様々な簡略法が用いられる。もっとも簡略な方法を以下に示す。

$$M' = M \cdot \frac{0.8D}{D - d_t - d_c} \tag{4.27}$$

4.5 長方形断面柱の設計式と設計図表

ここで、M'：補正された設計曲げモーメント
　　　M　：設計曲げモーメント

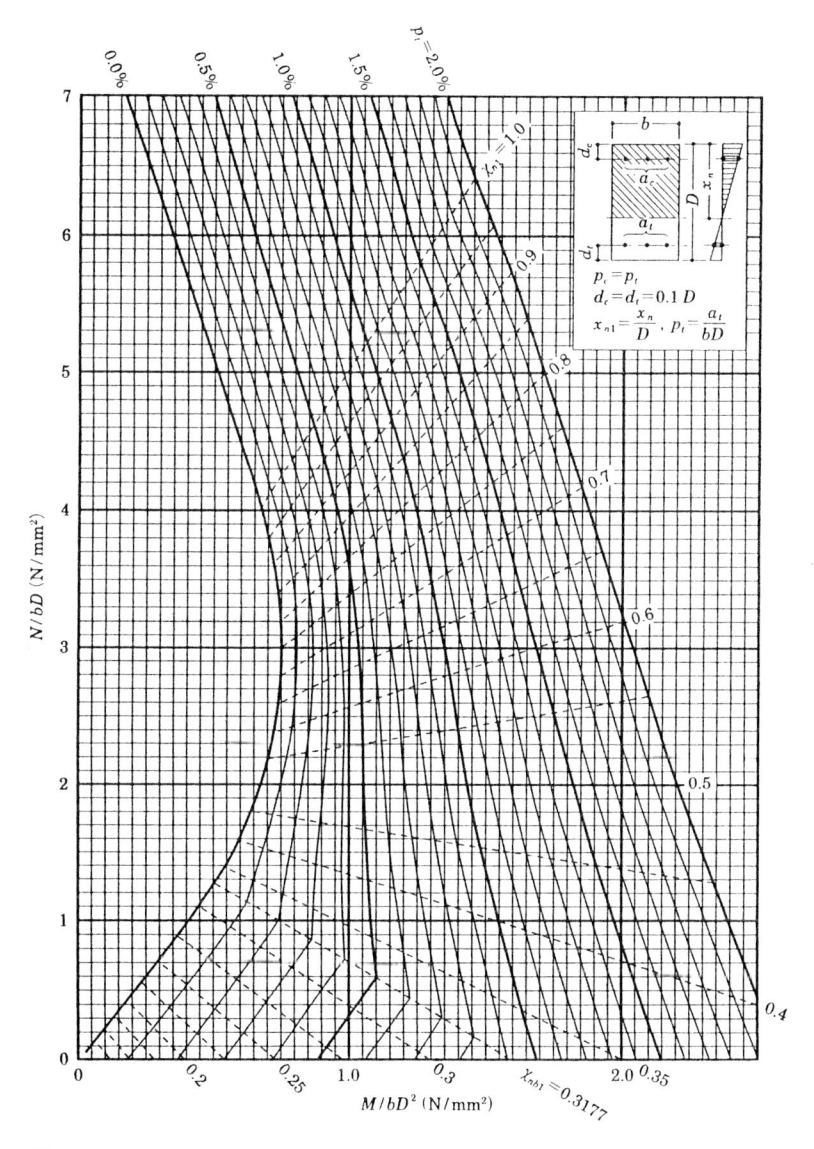

図中の記号：
$p_c = p_t$
$d_c = d_t = 0.1 D$
$x_{n1} = \dfrac{x_n}{D}$, $p_t = \dfrac{a_t}{bD}$

図4.7 柱の長期許容曲げモーメント-軸力関係（$F_c = 24\text{N}/\text{mm}^2$、SD345、$n = 15$）

（出典：日本建築学会編『鉄筋コンクリート構造計算基準・同解説
— 許容応力度設計法 —』日本建築学会、1999年）

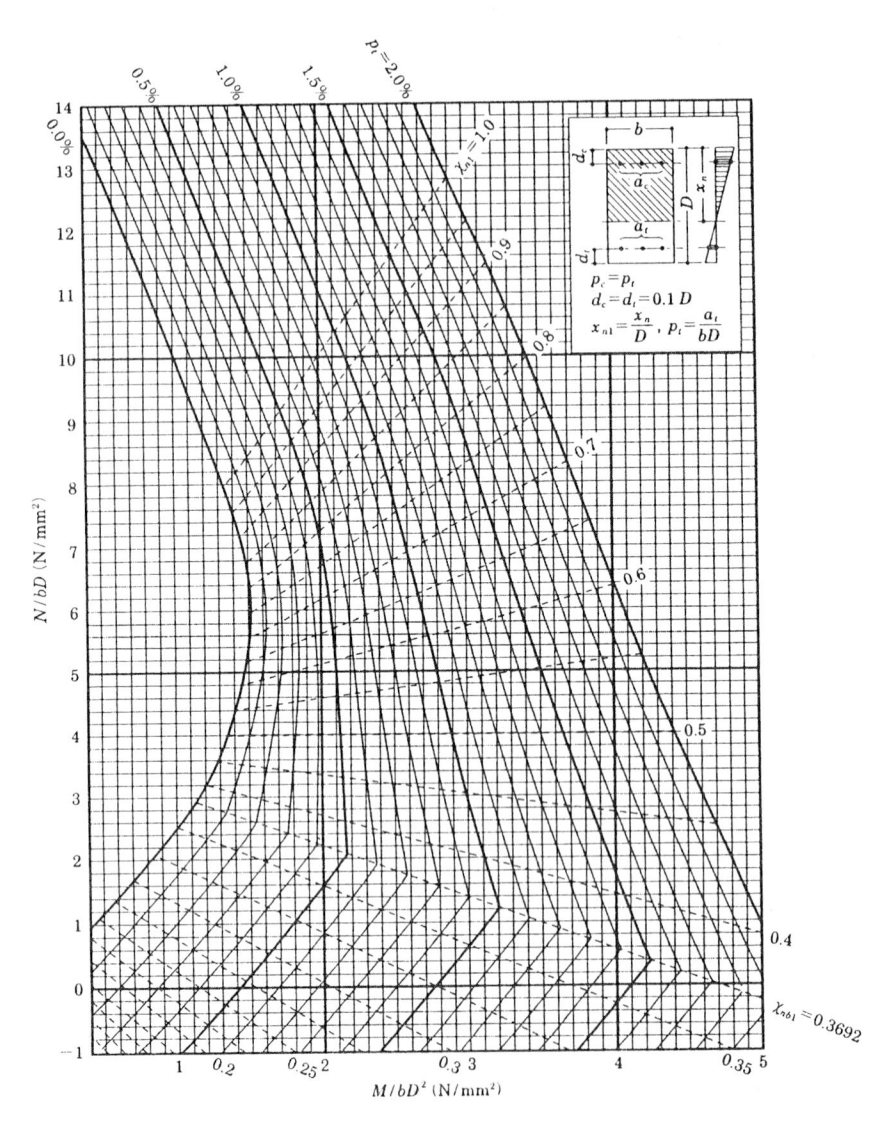

図 4.8 柱の短期許容曲げモーメント−軸力関係（$F_c = 24\mathrm{N/mm^2}$、SD345、$n = 15$）

（出典：日本建築学会編『鉄筋コンクリート構造計算基準・同解説
　　　── 許容応力度設計法 ──』日本建築学会、1999年）

4.6 円形断面柱の設計式

先に述べたように、式(4.15)までの式はどのような断面形状に対しても適用でき、断面形状の違いにより、これらの式に含まれる S_n, I_n が変化することとなる。そこで、図4.9に示すような円形断面柱に対しても、円形断面の S_n, I_n を求めれば、長方形断面の場合と同様に設計式を求めることができる。

円形断面の S_n, I_n は、

$$S_n = \left\{ \frac{1}{3} \sin \theta (2 + \cos^2 \theta) - \theta \cos \theta - np_g \pi \cos \theta \right\} r^3 \tag{4.28}$$

$$I_n = \left[\theta \left(\frac{1}{4} + \cos^2 \theta \right) - \sin \theta \cos \theta \left(\frac{13}{12} + \frac{1}{6} \cos^2 \theta \right) \right.$$
$$\left. + np_g \pi \left\{ \frac{1}{2} \left(\frac{r'}{r} \right)^2 + \cos^2 \theta \right\} \right] r^4 \tag{4.29}$$

いま、コンクリートで決まるとすると、式(4.28)を式(4.7)に代入して、

$$N = \frac{f_c}{4(1 - \cos \theta)} \cdot \left\{ \frac{1}{3} \sin \theta (2 + \cos^2 \theta) - \theta \cos \theta \right.$$
$$\left. - np_g \pi \cos \theta \right\} D^2 \tag{4.30}$$

$M = N \cdot e$ より、

$$M = \frac{f_c}{8(1 - \cos \theta)} \cdot \left\{ \frac{1}{4} \theta + \sin \theta \cos \theta \left(\frac{1}{6} \cos^2 \theta - \frac{5}{12} \right) \right.$$
$$\left. + \frac{1}{2} np_g \pi \left(\frac{r'}{r} \right)^2 \right\} D^3 \tag{4.31}$$

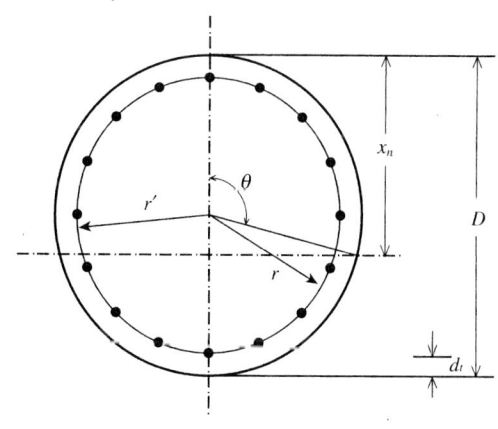

図 4.9 円形断面柱

鉄筋で決まる場合は、式(4.28)を式(4.9)に代入すると、

$$N = \frac{f_t}{4n(d_1 + \cos\theta - d_{t1})} \cdot \left\{\frac{1}{3}\sin\theta(2 + \cos^2\theta) - \theta\cos\theta - np_g\pi\cos\theta\right\}D^2 \quad (4.32)$$

$M = N \cdot e$ より、

$$M = \frac{f_t}{8n(d_1 + \cos\theta - d_{t1})} \cdot \left\{\frac{1}{4}\theta + \sin\theta\cos\theta\left(\frac{1}{6}\cos^2\theta - \frac{5}{12}\right) + \frac{1}{2}np_g\pi\left(\frac{r'}{r}\right)^2\right\}D^3 \quad (4.33)$$

学会規準の旧版[19]には、これらの式をグラフ化した設計図表が掲載されている。

4.7 円筒断面柱の設計式

図4.10に示す円筒断面柱についても、円形断面柱と全く同様に、

$$S_n = 2(\sin\theta - \theta\cos\theta - np_g\pi\cos\theta)tr'^2 \quad (4.34)$$

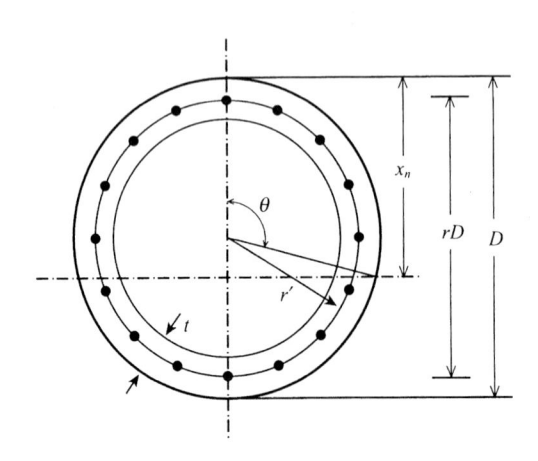

図4.10 円筒断面柱

$$I_n = 2\left\{\frac{\theta}{2} + \theta\cos^2\theta - \frac{3}{4}\sin 2\theta \right.$$
$$\left. + np_g\pi\left(\frac{1}{2} + \cos^2\theta\right)\right\} tr'^3 \qquad (4.35)$$

コンクリートで決まる場合は、

$$N = \frac{f_c}{1-\cos\theta+t_1} \cdot (\sin\theta - \theta\cos\theta - np_g\pi\cos\theta)\,t_rD \qquad (4.36)$$

$$M = \frac{f_c}{4(1-\cos\theta+t_1)} \cdot \left(\theta - \frac{1}{2}\sin 2\theta + np_g\pi\right)t_rD^2 \qquad (4.37)$$

鉄筋で決まる場合は、

$$N = \frac{f_t}{n(1+\cos\theta)} \cdot (\sin\theta - \theta\cos\theta - np_g\pi\cos\theta)\,t_rD \qquad (4.38)$$

$$M = \frac{f_t}{4n(1+\cos\theta)} \cdot \left(\theta - \frac{1}{2}\sin 2\theta + np_g\pi\right)t_rD^2 \qquad (4.39)$$

これらの式についても、参考文献 [19] にグラフ化した設計図表が掲載されている。

4.8 構造制限

柱の設計においても、最低限の使用性能と構造安全性の確保のために、学会規準 [1] では以下のような計算外の構造制限を設けている。

(1) 地震時に曲げモーメントが特に増大するおそれのある柱では、短期の軸方向応力度がコンクリート設計基準強度(F_c)の1/3以下とすることが望ましい。(万一、地震時に想定以上の力を受けて破壊することがあっても、ねばりのある破壊をさせることにより、人命にかかわることがないようにするというのが現在の基本的な設計思想である。この規程は、柱の破壊時のねばり(靭性)を左右する要素のうちで最も大きな影響力を持つ軸力を制限しようとするもので、したがって、多量の耐震壁を有し十分な耐力がある場合や、らせん筋を用いるなど柱の靭性を高める配慮をした場合などは、必ずしもこの規程に縛られなくともよい。)

(2) 柱の最小径とその主要支点間距離の比は、普通コンクリートを使用した場合で1/15以上、軽量コンクリートの場合で1/10以上とする。ただし、有効細

長比を考慮した計算で安全を確認できればこれ以下でもよい。(この規程は、**長柱**となることにより発生する座屈を防ぐためのもので、国によっては、これを超えた場合は応力を割り増すという規程を設けている所もある。表4.1は学会規準[1]による長柱の場合の曲げモーメントおよび軸力の割り増し係数を示したものである。軽量コンクリートはヤング率が小さく、その分座屈しやすいのでより厳しい値をとっている。)

表4.1 曲げモーメントおよび軸方向力の割増し係数

(出典:日本建築学会編『鉄筋コンクリート構造計算基準・同解説
―許容応力度設計法―』日本建築学会、1999年)

材の最小径	割増し係数	
主要支点間距離	普通コンクリート	軽量コンクリート
1/10	1.0	1.0
1/15	1.0	1.2
1/20	1.25	1.5
1/25	1.75	―

(3) コンクリート全断面積に対する主筋全断面積の割合は、0.8%以上とする。ただし、コンクリートの断面積を必要以上に増大した(ふかした)場合は、この値を適当に減少させることができる。(柱の最小鉄筋比を決めたもので、コンクリートの局部的な欠点をカバーし、応力の不測の変動〔例えば、鉄筋比が小さい場合、軸力が減少すると許容耐力が低下し危険〕に備えるための最小値として0.8%としたものである。また、逆に多すぎるとコンクリートが十分まわらないなどの障害がでるので、明確な規程はないが、3%程度以下とするのが適当。)

(4) 主筋は、異形鉄筋D13以上、かつ、4本以上とし、主筋は帯筋により相互に連結する。(鉄筋太さの最低限の規程。梁でも述べたが、通常、最低でもD16を、一般にはD19~D29を用いる。また、最低でも4隅に1本づつは必要。円形断面、円筒断面で前掲式(4.27)~(4.38)を用いる場合は、円形では8本以上、円筒では12本以上とする。)

(5) 主筋のあきは、25mm以上、かつ、異形鉄筋の径(呼び名の数値mm)の1.5倍以上とする。(梁で述べたのと同じ理由で、コンクリートのまわりをよく

4.8 構造制限

し、付着破壊を防ぐため。)

[例題 4.1]

下図に示すような軸力と曲げモーメントを受ける柱の設計を行う。柱は、通常 X, Y の 2 方向から曲げモーメントを受ける場合が多いが、ここでは、1 方向のみから曲げモーメントを受ける場合(例えば、1 方向は耐震壁が付いていて、柱単独での曲げモーメントを受けない場合など)を考える。柱の断面寸法、使用材料の種類等は以下に示す通りとする。

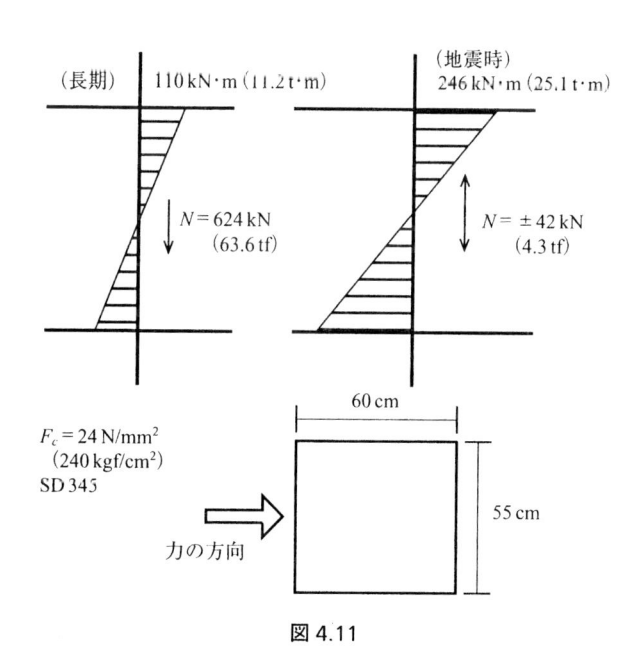

(長期) 110 kN·m (11.2 t·m)　　(地震時) 246 kN·m (25.1 t·m)

$N = 624$ kN (63.6 tf)　　$N = \pm 42$ kN (4.3 tf)

$F_c = 24$ N/mm^2 (240 kgf/cm^2)
SD 345

力の方向　　60 cm × 55 cm

図 4.11

柱頭について考えると、長期、短期の設計応力は以下のようになる。

(長期荷重時)
$N = 624 \text{ kN} (63.6 \text{ tf}), \quad M = 110 \text{ kN·m} (11.2 \text{ t·m})$

(短期荷重時)
$N_{max} = 624 + 42 = 666 \text{ kN} (67.9 \text{ tf}), \quad N_{min} = 624 - 42 = 582 \text{ kN} (59.3 \text{ tf})$
$M_{max} = 110 + 246 = 356 \text{ kN·m} (36.3 \text{ t·m})$

> ここで、曲げモーメントについては値の大きい方が不利であるので、M_{max} のみを考慮すればよいが、軸力の場合は、値が小さい方が不利になる場合もあるので、N_{max} と N_{min} の両方を考慮しなければならない。
> 　設計図表を用いるとすると、先ず上記各々の応力について、$N/bD, M/bD^2$ を求め、図表から必要鉄筋比を求めればよい。

(長期)

$$\frac{N}{bD} = \frac{624 \times 10^3}{550 \times 600} = 1.89 \, \text{N/mm}^2$$

$$\frac{M}{bD^2} = \frac{110 \times 10^6}{550 \times 600^2} = 0.56 \, \text{N/mm}^2$$

$p_t = 0 \, \%$

(短期)

$$\frac{N_{max}}{bD} = \frac{666 \times 10^3}{550 \times 600} = 2.02 \, \text{N/mm}^2$$

$p_t = 0.36 \, \%$

$$\frac{M}{bD^2} = \frac{356 \times 10^6}{550 \times 600^2} = 1.80 \, \text{N/mm}^2$$

$p_t = 0.40 \, \%$

$$\frac{N_{min}}{bD} = \frac{582 \times 10^3}{550 \times 600} = 1.76 \, \text{N/mm}^2$$

以上より、最も不利なのは短期の N_{min} の場合であるので、$p_t = 0.40\%$ となり、必要鉄筋量は、

$$a_t = p_t bD = 0.004 \times 55 \times 60 = 13.2 \, \text{cm}^2 \quad \Rightarrow \quad 4\text{-D22}$$

> 使用鉄筋の太さをD22と決めたとすると、付表2(p.164)より、配筋は4-D22(15.48 cm^2)となる。そこで、梁の場合と同様、これらの値が構造制限を満足しているかどうかをチェックする。

いま柱の長さは示していないが、構造制限(2)は満足しているものとし、D22を使用しているので、(4)もOKである。(1)については、短期の軸方向応力は、

$$\sigma_c = \frac{666 \times 10^3}{550 \times 600} = 2.02 \, \text{N/mm}^2 \leq \frac{F_c}{3} = 8.0 \, \text{N/mm}^2 \qquad \underline{\text{OK}}$$

$(20.6 \, \text{kgf/cm}^2)$

(3)については、引張側、圧縮側総計の鉄筋量は8-D22(30.96 cm²)となるので、

$$\frac{30.96}{55 \times 60} = 0.0094 = 0.94\% \geqq 0.8\% \qquad \text{OK}$$

最後に(5)については、付表4(p.168)により最小柱幅をチェックすると、帯筋径をD10として、柱の場合、4-D22に対する最小柱幅は30.5 cm（＜ 55 cm）でOKとなる。

以上より配筋が確定し、図4.12(a)に示すような断面となるが、このように長辺部分に全く主筋がない場合、施工時にこの部分の帯筋が変形しやすくなったり、また破壊時に帯筋が外側へはらみ出して、コンクリートの拘束効果が弱まるなどの問題が出るので、図4.12(b)のように補助筋を入れることも多い。

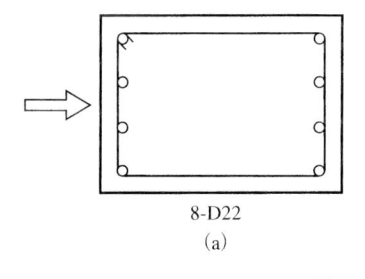

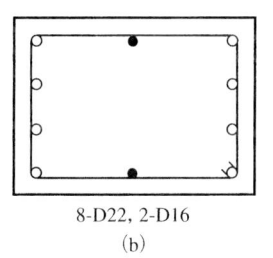

8-D22	8-D22, 2-D16
(a)	(b)

図 4.12

[例題 4.2]

次に図4.13に示すようなX, Yの2方向から曲げモーメントを受ける場合を考えてみる。柱の断面寸法、使用材料の種類等は以下に示す通りとする。

F_c = 24 N / mm²(240 kgf/cm²), SD345

柱頭について考えると、長期、短期の設計応力は以下のようになる。

（長期荷重時）
    （X方向） N = 637 kN(65.0 tf), M = 216 kN・m(22.0 t・m)
    （Y方向） N = 637 kN(65.0 tf), M = 155 kN・m(15.8 t・m)

図 4.13

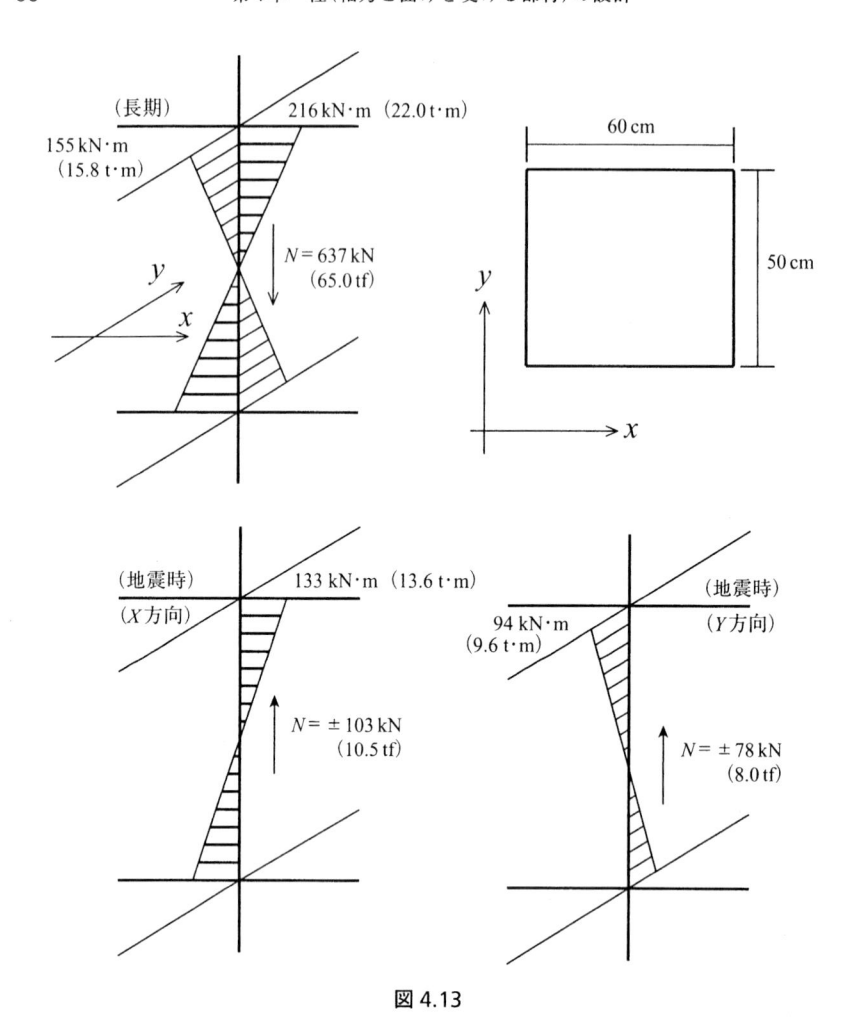

(短期荷重時)

(X方向)

$N_{max} = 637 + 103 = 740\,\text{kN}\,(75.5\,\text{tf})$, $N_{min} = 637 - 103 = 534\,\text{kN}\,(54.5\,\text{tf})$
$M_{max} = 216 + 133 = 349\,\text{kN}\cdot\text{m}\,(35.6\,\text{t}\cdot\text{m})$

(Y方向)

$N_{max} = 637 + 78 = 715\,\text{kN}\,(73.0\,\text{tf})$, $N_{min} = 637 - 78 = 559\,\text{kN}\,(57.0\,\text{tf})$
$M_{max} = 155 + 94 = 249\,\text{kN}\cdot\text{m}\,(25.4\,\text{t}\cdot\text{m})$

4.8 構造制限

> ここで、主筋としてD22を、また帯筋としてD10を用いるとすると、かぶり厚さは表2.2より40mmなので、$d_c = d_t = 40 + 10 + 22/2 = 61$ mm となる。
> X方向($D = 60$ cm)は、$0.1D = 60$ mm $\fallingdotseq d_c = d_t$ となるが、Y方向($D = 50$ cm)は、$0.1D = 50$ mm $< d_c = d_t$ となる。

式(4.27)に従い、曲げモーメントを補正すると、

(長期)
$$M' = 155 \times \frac{0.8 \times 50}{50 - 2 \times 6.1} = 164 \text{ kN·m} (16.7 \text{ t·m})$$

(短期)
$$M' = 249 \times \frac{0.8 \times 50}{50 - 2 \times 6.1} = 263 \text{ kN·m} (26.8 \text{ t·m})$$

そこで、$N/bD, M/bD^2$ を求め、図表から必要鉄筋比を求めると、

＜X方向＞

(長期)
$$\frac{N}{bD} = \frac{637 \times 10^3}{500 \times 600} = 2.12 \text{ N/mm}^2$$
$$\frac{M}{bD^2} = \frac{216 \times 10^6}{500 \times 600^2} = 1.20 \text{ N/mm}^2$$
$$p_t = 0.70\%$$

(短期)
$$\frac{N_{\max}}{bD} = \frac{740 \times 10^3}{500 \times 600} = 2.47 \text{ N/mm}^2$$
$$\frac{M}{bD^2} = \frac{349 \times 10^6}{500 \times 600^2} = 1.94 \text{ N/mm}^2$$
$$p_t = 0.39\%$$
$$\frac{N_{\min}}{bD} = \frac{534 \times 10^3}{500 \times 600} = 1.78 \text{ N/mm}^2$$
$$p_t = 0.46\%$$

以上より、最も不利なのは長期の場合であるので、$p_t = 0.70\%$ となり、必要鉄筋量は、

$$a_t = p_t bD = 0.0070 \times 50 \times 60 = 21.0 \text{ cm}^2$$

D22を用いるとすると、6-D22 (23.22 cm^2) となる。

＜Y方向＞
(長期)

$$\frac{N}{bD} = \frac{637 \times 10^3}{600 \times 500} = 2.12 \, \text{N/mm}^2$$

$$\frac{M'}{bD^2} = \frac{164 \times 10^6}{600 \times 500^2} = 1.09 \, \text{N/mm}^2$$

$p_t = 0.55\%$

(短期)

$$\frac{N_{\max}}{bD} = \frac{715 \times 10^3}{600 \times 500} = 2.38 \, \text{N/mm}^2$$

$$\frac{M'}{bD^2} = \frac{263 \times 10^6}{600 \times 500^2} = 1.75 \, \text{N/mm}^2$$

$$\frac{N_{\min}}{bD} = \frac{559 \times 10^3}{600 \times 500} = 1.86 \, \text{N/mm}^2$$

$p_t = 0.30\%$

$p_t = 0.37\%$

以上より、最も不利なのはここでも長期の場合であるので、$p_t = 0.55\%$となり、必要鉄筋量は、

$$a_t = p_t bD = 0.0055 \times 60 \times 50 = 16.5 \, \text{cm}^2 \quad \Rightarrow \quad 5\text{-D}22 \, (19.35 \, \text{cm}^2)$$

　上記の本数をX, Y両方向にそのまま配筋すると、図4.14 (a) のようになる。しかし、いま図(a)で左右辺の鉄筋がX方向の力を受け持ち、上下辺の鉄筋がY方向の力を受け持つとすると、コーナーの鉄筋をどう考えるかが問題となる。

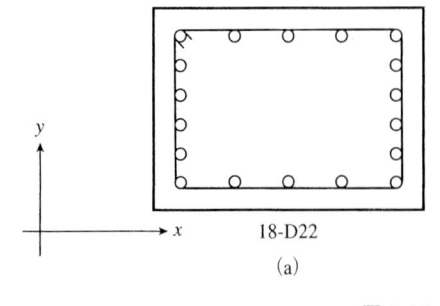

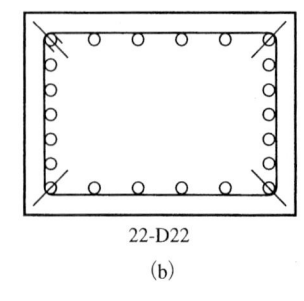

(a) 18-D22　　　(b) 22-D22

図 4.14

4.8 構造制限

> コーナーの鉄筋は、当然両方の力を受け持つこととなり、しかも、ここでは両方向とも長期で決まっているので、これらの力は常に存在している。そこで、コーナーの鉄筋については、半分は X 方向を負担し、半分が Y 方向を負担すると考え、各々の方向に対しては0.5本と数えることとすると、図(b)のような配筋となり、各方向とも見掛け上1本多い配筋となる。
>
> ただし、短期で決まる場合は両方向の力が常に存在している訳ではないので、このように考える必要はない。

最後に構造制限をチェックして、断面を確定する。即ち、総計の鉄筋量は22-D22(85.14 cm²)となるので、

$$\frac{85.14}{50 \times 60} = 0.028 = 2.8\% \geqq 0.8\% \qquad \text{OK}$$

付表4(p.168)により、帯筋径をD10として最小柱幅をチェックすると、

 X方向 7-D22 → 48.0 cm ＜ 50 cm OK
 Y方向 6-D22 → 42.0 cm ＜ 60 cm OK

以上すべて満足しているので、最終的に図4.14(b)の配筋で確定する。

演習問題

[問題 4.1]

下図に示すような軸力と曲げモーメントを受ける柱の柱頭部について設計し、配筋を決めなさい。ただし、Y 方向には耐震壁がついているものとし、ここでは X 方向からの力のみを考えることとする。また、コンクリートは $F_c = 24\,\text{N/mm}^2$ (240 kgf/cm²)、鉄筋は SD 345 とし、主筋には D 22 を、帯筋には D 13 を用いるものとする。

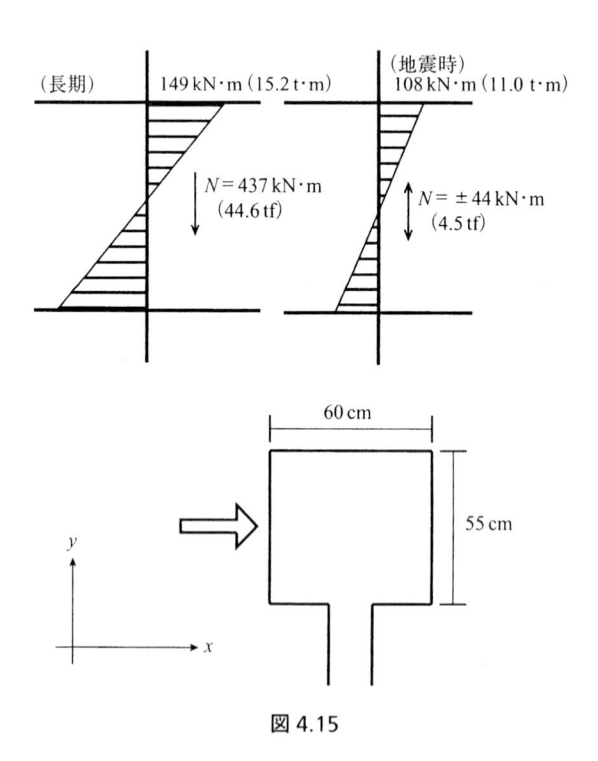

(長期) 149 kN·m (15.2 t·m)
$N = 437\,\text{kN·m}$ (44.6 tf)

(地震時) 108 kN·m (11.0 t·m)
$N = \pm 44\,\text{kN·m}$ (4.5 tf)

60 cm × 55 cm

図 4.15

[問題 4.2]

図 4.16 に示すような軸力と X, Y 両方向からの曲げモーメントを受ける柱の柱頭部について設計し、配筋を決めなさい。ただし、コンクリートは $F_c = 24\,\text{N/mm}^2$ (240 kgf/cm²)、鉄筋は SD 345 とし、主筋には D 22 を、帯筋には D 13 を用いる

ものとする。

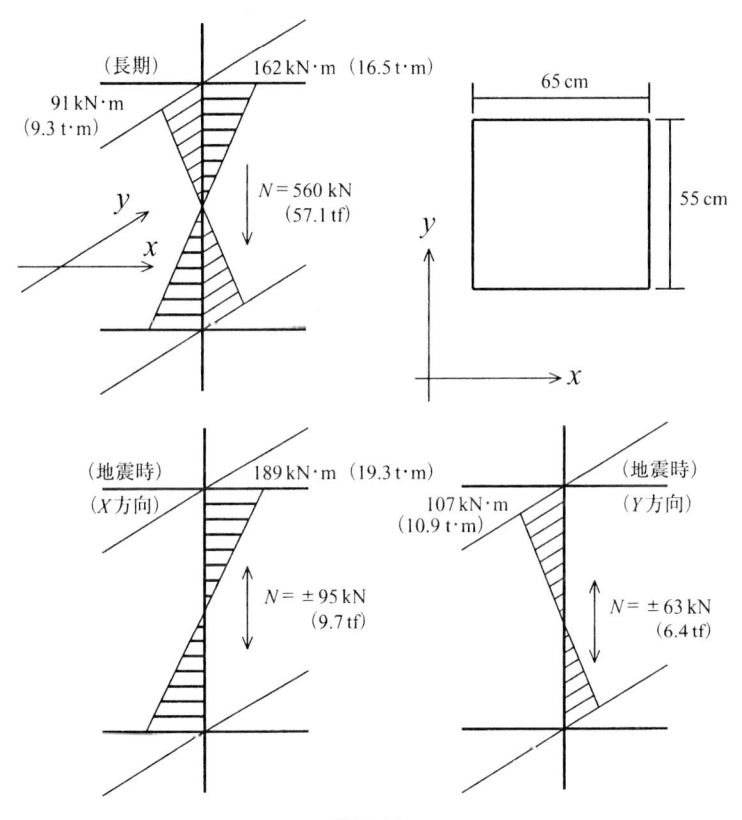

(長期) 162 kN·m (16.5 t·m)
91 kN·m
(9.3 t·m)
$N = 560$ kN
(57.1 tf)

65 cm
55 cm

(地震時) 189 kN·m (19.3 t·m)
(X方向)
$N = \pm 95$ kN
(9.7 tf)

(地震時)
107 kN·m
(10.9 t·m)
(Y方向)
$N = \pm 63$ kN
(6.4 tf)

図 4.16

第5章
曲げとせん断を受ける部材の設計
（せん断補強）

5.1 せん断補強筋の種類とその形状

　図5.1に示すように、曲げモーメントを受ける部材には、通常同時にせん断力も作用している。

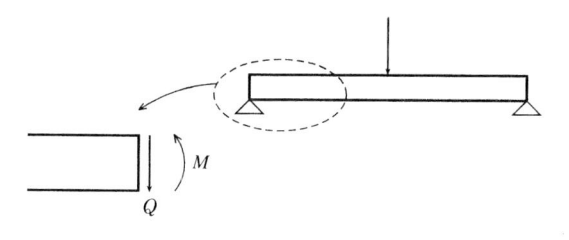

図 5.1

　せん断力とは、本来部材の断面に平行な、面をすり切るような力をいい、曲げモーメントや軸力などの断面に垂直な力に対して、直交方向の力である。したがって、これに対する補強筋も、曲げモーメントや軸力に対する補強筋（断面に垂直に、軸方向に配置された主筋）とは異なったものとなっている。図5.2に一般的に用いられるせん断補強筋を示す。梁に対しては肋筋や折り曲げ筋が、また、柱に対しては帯筋やらせん筋が用いられる。
ここで、**肋筋**、**帯筋**は主筋を取り巻くように配置した鉄筋を云い、**らせん筋**は一本の長い鉄筋でらせん状に連続的に主筋を巻いたものを云う。また、梁の上

端筋は端部で多く中央部で少ないのに対し、下端筋は逆に中央部で多く端部で少ない。そこで、梁端部の上端筋の内、中央部で不要となるものを折り曲げて中央部の下端筋とする方法がとられることもあり、これを**折り曲げ筋**という。この折り曲げ部分はせん断力に対して有効に働くが、その位置が端部と中央部の境界部分に限られるので、せん断補強筋としては補助的なものである。

　図5.2からも分かるように、一般的に、せん断補強筋は主筋を取り巻き、これを拘束する形状となっている。したがって、これらの補強筋は単にせん断に対する補強だけではなく、主筋を拘束し、主筋の座屈や定着破壊を防ぐ役割、主筋とともに内部のコンクリートを拘束することにより、コンクリートの強度や靭性を高める役割なども果たしており、特に、らせん筋や溶接した肋筋・帯筋などで、その効果が大きい。

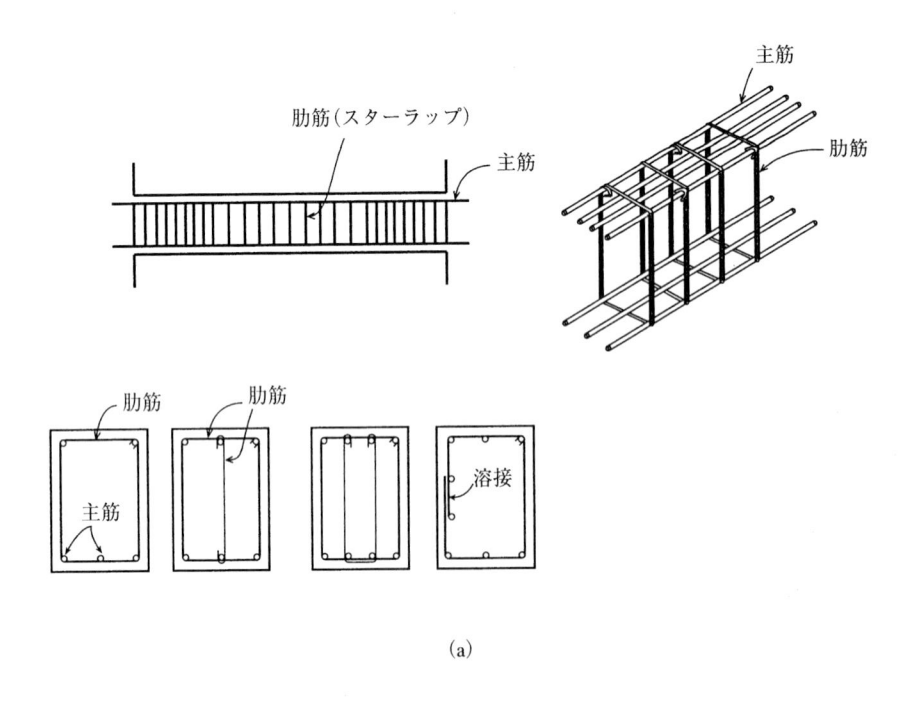

(a)

図5.2　せん断補強筋の種類

(b)

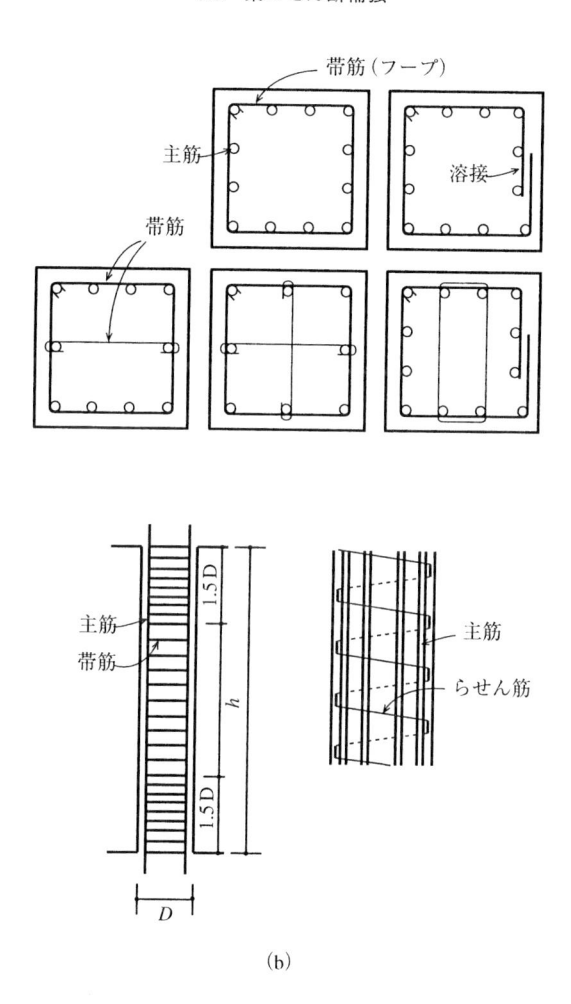

5.2 梁のせん断補強

5.2.1 断面の応力状態

せん断に対する設計においても、断面の状態を把握することが重要である。いま、例えば図5.1の梁が均質な材料でできているとすると、その断面の応力状態は図5.3に示すようになっている。

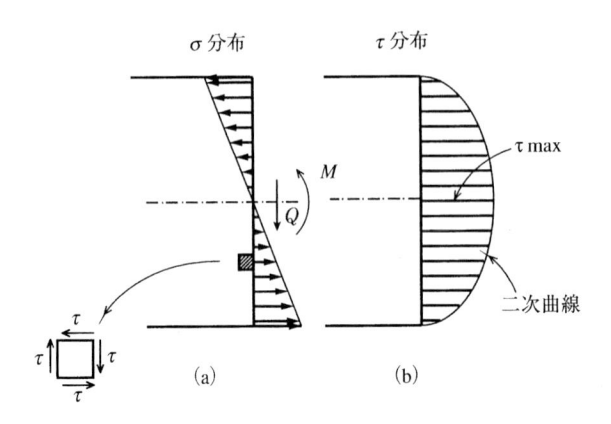

図 5.3 曲げとせん断を受ける部材

ここで、図(a)が曲げモーメントによる応力の状態で、図(b)がせん断力による応力の状態である。せん断力は前述のように、断面に平行な力であるが、そのまま図示すると1本の線にしかならず、分布の状態がよく分からないため、ここでは面に垂直な線分によりその大きさを表しており、上下の表面で0で、中央で最大値をとる二次曲線分布となる。

またここで、以後の議論に必要なせん断応力の基本的性質について、少し述べておく。図(a)に示すような微少立方体を取り出して、その各面に作用するせん断応力を考えてみると、力のつりあいから、対面(左面と右面および上面と下面)のせん断応力はお互いに大きさ等しく逆向きの力となる。この各々二つの力は偶力となるので、モーメントを生じる。モーメントのつりあいから、上下面の応力によるモーメントと左右面の応力によるモーメントがつりあわねばならないので、これらの応力は同じ大きさとなり、お互いに逆のモーメントを生じるような向きとなる。また、せん断力と曲げモーメントの間には、式(5.1)に示す関係(曲げモーメントの変化の割合＝せん断力)があることは、ほとんどの構造力学のテキストに詳しく記載されている。

$$Q = \frac{dM}{dx} \quad (5.1)$$

ところで、第3章でも述べたように、RC部材ではいくつかの点(コンクリートは引張応力を負担できない。鉄筋の応力は同位置のコンクリートの応力のヤ

ング係数比倍となるなど…)で、均質材料の場合とは異なる応力状態となる。そこで、図5.3に対応するRC梁の場合を示したのが図5.4である。

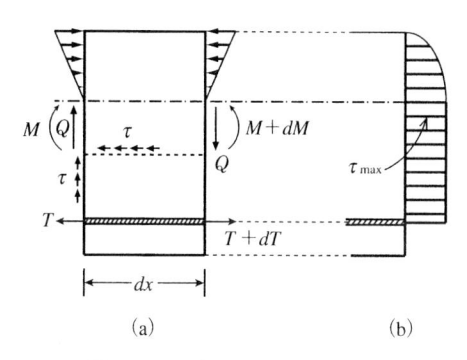

図 5.4 RC梁のせん断応力分布

図(a)は梁を横から見た図で、第3章で述べた曲げによる応力状態を示している。左側の断面では、大きさMの曲げモーメントが作用しており、そこから距離dxだけ離れた右側の面では、dMだけモーメントが増えているとしている。また、図(b)は、これに対応したせん断応力の状態を示している。以下に、なぜせん断応力の分布がこのような形になるのかを説明する。

図5.4(a)の梁の引張領域の一部(破線より下の部分)を取り出したものが、図5.5である。

いま、この部分に働く力のつりあいを考えてみる。左面では引張鉄筋に引張力Tが、右面では$T+dT$が作用しており、左右の面および上の面では、せん断応力度τが作用している。そこで、梁幅をbとすると、水平方向の力のつりあい式は以下のようになる。

$$T + \tau b dx = T + dT \tag{5.2}$$
$$\therefore \quad \tau b dx = dT$$

$$\tau = \frac{1}{b} \cdot \frac{dT}{dx} \tag{5.3}$$

また、図5.4(a)の左右の面では、第3章で述べた以下の関係が成り立っている。

図 5.5

$$M = T \cdot j \tag{5.4}$$
$$M + dM = (T + dT) \cdot j \tag{5.5}$$

ここで、式(5.5)から式(5.4)の辺々を差し引くと、以下の関係が求まる。

$$dM = dT \cdot j \tag{5.6}$$
$$\therefore dT = \frac{dM}{j} \tag{5.7}$$

式(5.3)に式(5.7)を代入すると、

$$\tau = \frac{1}{b} \cdot \frac{dM}{jdx} \tag{5.8}$$

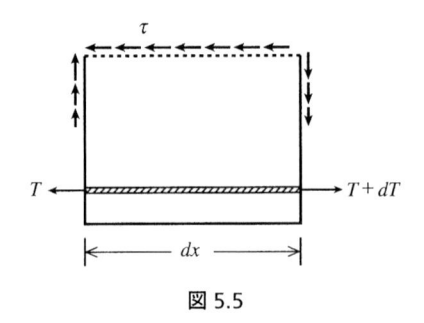

ここで、式(5.1)に示したように、$dM/dx = Q$であるので、

$$\tau = \frac{Q}{bj} \tag{5.9}$$

すなわち、梁の引張領域におけるせん断応力度τの大きさは、作用せん断力Qをbjで割ると求まる。さらに、図5.5では、τを求める位置を特に指定していないので、図5.5と同じ図が描ける範囲(中立軸から引張鉄筋の位置まで)ではすべてこの式(5.9)が成り立つこととなり、その結果、図5.4(b)に示すように、中立軸から引張鉄筋まで同じ大きさで、かつ、この応力度が最大のせん断応力度となる。

また、この位置が中立軸より上の場合は、水平方向の力として曲げモーメントによる圧縮応力度が加わるので式(5.2)の形が変わり、図5.4に示すような二次曲線分布となる。さらに、鉄筋より下の場合は、全く力がない状態となるので、τも0となる。

いま、この式(5.9)のτがコンクリートの許容応力度に達したときをその梁の許容せん断耐力と考えると、コンクリートで決まる梁の許容せん断耐力Qは以下のようになる。

$$Q = f_s bj \tag{5.10}$$

ここで、f_sはコンクリートの許容せん断応力度

5.2.2 斜張力と肋筋による補強

ところで、図5.3(a)で示したような微少立方体の各面にせん断応力度が作用した状態は、見方を変えれば、図5.6(a)に示すように斜めに引張り、圧縮しているのと同じ状態と考えることができる。

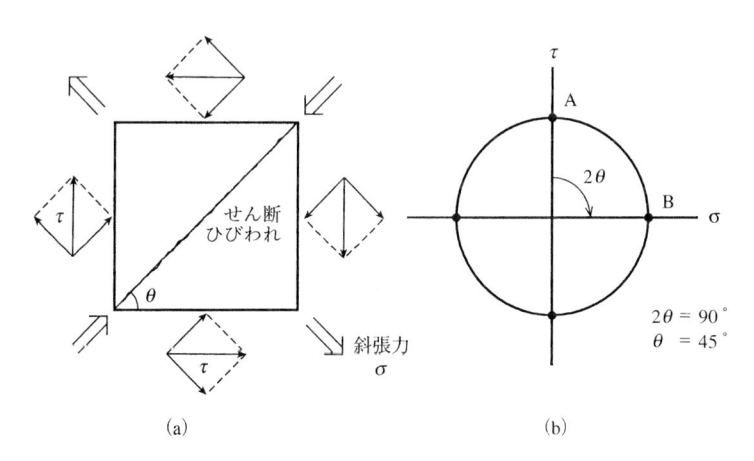

図 5.6 斜張力

このことは、例えば四角形の消しゴムの各面を図5.6(a)のτの方向にこすってみると、実感することができるし、また、図5.6(b)に示す**モールの応力円**で説明することもできる。モールの応力円についての詳しい説明は、構造力学のテキストに譲るが、これは、物体内のある位置で様々な角度の断面を考えたとき、この断面における垂直応力度(σ)とせん断応力度(τ)の関係を表したものである。そこで、この場合について考えると、τのみが作用している状態はモールの円のA点に相当し、一方、斜めの引張力σが作用している状態はA点から

90°のB点に相当する。この斜めの引張力を**斜張力**といい、モールの円上でτから90°の位置にあるので、図(a)では45°の角度(モールの円上の角度と実際の角度は2：1の関係にある)で作用していることが分かる。また、モールの円より、斜張力σは、σ = τの関係にあることも分かる。この斜張力は純粋な引張力であるので、引張に弱いコンクリートは先ずこの斜張力によって斜め45°のひびわれを生じることとなる。

そこで、この斜張力に対して、肋筋で補強することを考える。図5.7は任意の角度 θ で等間隔に肋筋を配置した状態を表している。

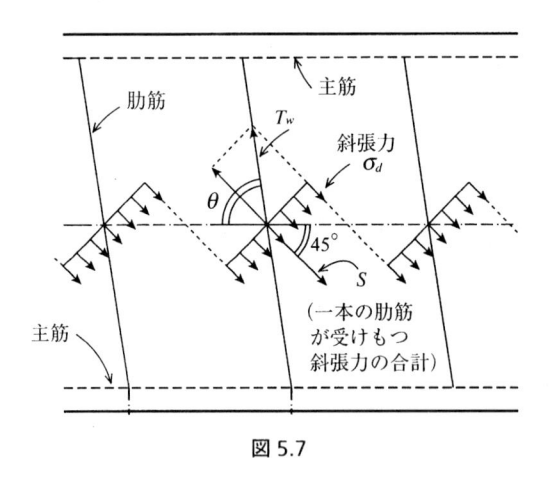

図 5.7

このとき1組の肋筋(肋筋は□の形状であるので、必ず2本一組(図5.8参照)となる)が負担する斜張力は、図に示すような範囲の力となるので、その合計は、

$$S = \sigma_d \cdot b \cdot \frac{x}{\sqrt{2}} \tag{5.11}$$

この S と肋筋に生じる力 T_w の S 方向成分がつりあえばよいので、

$$S = T_w \cdot \cos(\theta - 45°) \tag{5.12}$$

ここで、一組の肋筋の断面積を a_w とし、許容応力度を f_w として、肋筋の応力度が許容応力度いっぱいの状態であるとすると、$T_w = a_w \cdot f_w$ であるので、式(5.12)に式(5.11)を代入し、さらに三角関数の加法定理を用いて整理すると、

$$\sigma_d \cdot b \cdot \frac{x}{\sqrt{2}} = a_w \cdot f_w \cdot \frac{(\sin\theta + \cos\theta)}{\sqrt{2}} \tag{5.13}$$

$$\therefore \quad \sigma_d = \left(\frac{a_w}{bx}\right) \cdot f_w \cdot (\sin\theta + \cos\theta) \tag{5.14}$$

ここで、(a_w/bx) は、図5.8に示すように、一組の肋筋当たりのコンクリート断面積に対する鉄筋断面積の比、すなわち、肋筋の鉄筋比であり、これを記号 p_w で表す。

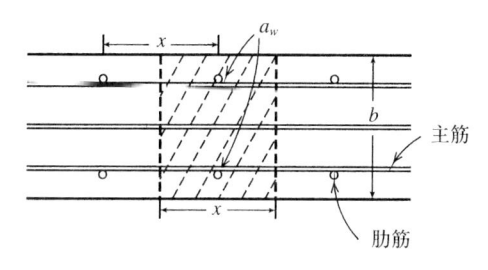

図 5.8

$$p_w = \frac{a_w}{bx} \tag{5.15}$$

したがって、式(5.14)は、

$$\sigma_d = p_w \cdot f_w \cdot (\sin\theta + \cos\theta) \tag{5.16}$$

先に、図5.6のモールの円で述べたように、斜張力 σ_d はその位置のせん断応力度 τ に等しい。また、通常肋筋は材軸に直角に配置されるので、$\theta = 90°$ とすると、

$$\tau = p_w \cdot f_w \tag{5.17}$$

すなわち、式(5.17)は鉄筋比 p_w で配筋された許容引張力度 f_w の肋筋のせん断応力負担能力を示している。

5.2.3 梁の許容せん断力

単純に考えると、RC梁の許容せん断力は、式(5.10)によるコンクリートの分と式(5.17)による鉄筋の分を合計すれば求まるように思われるかも知れないが、

実際にはそうはならない。それは、コンクリートと鉄筋が同時にフルに耐力を発揮する状況が起こりにくいためである。すなわち、せん断ひびわれが発生するまでは、肋筋はあまり応力を負担せず、ひびわれが発生して初めて大きな応力を負担する。したがって、肋筋がフルに耐力を発揮する段階では、コンクリートにかなりのひびわれが発生していると考えられる。しかも、各段階でコンクリートと鉄筋がどのような割合で応力を分担しているかは、あまり明確になっていない。

荒川[16]は、1200を超える膨大な実験データをもとに、せん断ひびわれ応力度τ_cとせん断終局応力度τ_uの下限値を与える実験式を提案した。τ_uの式を式(5.18)に示す。

$$\tau_u = \frac{Q_u}{bj} = \frac{k_u \cdot k_p (180+F_c) \cdot 0.115}{\frac{M}{Qd} + 0.115} + 2.7\sqrt{p_w \cdot {}_s\sigma_y} \tag{5.18}$$

ここで、

    k_u = 0.72 ($d > 40$ cm の場合)
    k_p = 0.82 $p_t^{0.23}$
    F_c : コンクリートの圧縮強度(kgf/cm^2)
    M : その部材の最大曲げモーメント
    Q : その部材の最大せん断力
    ${}_s\sigma_y$: 肋筋の降伏応力度(kgf/cm^2)

(本式は実験式であり、その諸係数は重力系単位に基づいて求められているので、本式をこのままの形で使用する場合は上に示す重力系単位を用いなければならない。)

この荒川式や、これをさらに修正した式は実際とよく合うので、その後多くの研究者によって引用されているが、実用設計式としてはやや複雑な式となっている。そこで、学会規準[1]では、安全側の略算式として式(5.19)を示している。

$$Q_A = \{\alpha f_s + 0.5 f_w (p_w - 0.002)\} bj \tag{5.19}$$

ここで、

$$\alpha = \frac{4}{\left(\frac{M}{Qd} + 1\right)} \quad \text{かつ} \quad 1 \leq \alpha \leq 2$$

式(5.19)の第1項はコンクリートで、第2項が肋筋の寄与分を表しており、コンクリートはα倍し、鉄筋は0.5倍としている。また、この式は作用するせん断力がコンクリートの負担能力($\alpha f_s bj$)を超過した分について肋筋(第2項)で補強することを意図しており、コンクリートのみで十分せん断力を負担できる場合でも、安全性を確保するために最低0.2%の肋筋を入れることとしている。したがって、0.2%までは肋筋の寄与はないものとしたのが、$(p_w - 0.002)$の意味である。

式中のαはシアスパン比(M/Qd)により決まる係数であるが、シアスパン比が小さい程αは大きくなり、また、常に1より大きいので、コンクリートの許容応力度を割り増す係数となっている。そこで、シアスパン比が何を意味しているかを、図5.9の片持ち梁の例で考えてみる。

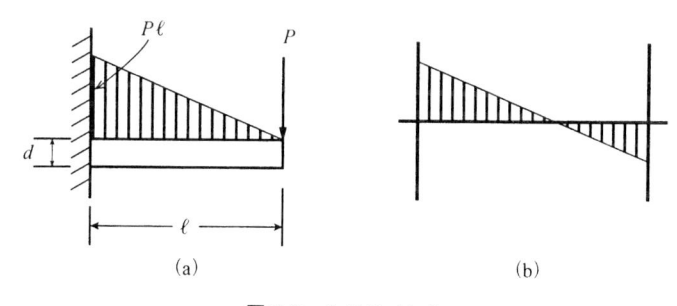

図5.9 シアスパン比

式(5.18)で述べたように、M, Qは各々その部材の最大の曲げモーメントとせん断力であるから、図5.9(a)の片持ち梁の場合は次のようになる。

$$M = P\ell, \quad Q = P \tag{5.20}$$

そこで、シアスパン比は、

$$\frac{M}{Qd} = \frac{P\ell}{Pd} = \frac{\ell}{d} \tag{5.21}$$

つまり、ここではシアスパン比は梁成と長さの比を表している。一般の梁では、同図(b)のように応力状態はやや異なるものの、本質的にはほぼ同様と考えてよい。したがって、シアスパン比が小さい梁とは、梁成に対して長さが短い梁を意味し、このような梁においてαが大きくなるということである。

5.2.4 梁の設計せん断力

梁の設計せん断力、すなわち、梁に作用すると想定されるせん断力については、特に短期荷重時について、以下に示すように曲げモーメントなどの場合より厳しい決め方をしている。それは、RC部材がせん断力によって破壊する場合、曲げによる破壊に比べて極めてねばりのない脆性的な破壊をするためで、万一RC部材が破壊する場合は曲げ破壊とし、絶対せん断破壊しないように設計するのが現在の基本的な設計思想である。

〈長期荷重時〉

$$Q_D = Q_L \tag{5.22}$$

ここで、Q_Lは応力計算により求めた長期荷重時のせん断力

〈短期荷重時〉

$$Q_D = Q_L + Q_S \tag{5.23}$$

ここで、Q_Sは以下のQ_{S1}, Q_{S2}の小さい方とする。

$$Q_{S1} = n\, Q_E \tag{5.24}$$

ここで、Q_Eは応力計算により求めた地震時のせん断力、nは安全率で1.5以上とし、4階建て程度以下の建物や、耐震壁の少ない建物では2.0以上とするのが望ましい。

$$Q_{S2} = \frac{\Sigma M_y}{\ell'} \tag{5.25}$$

ここで、ℓ'は図5.10に示すように梁の内法スパン、ΣM_yは梁の両端が曲げ降伏したときの、両端の曲げモーメントの合計で、降伏曲げモーメントは下の略算式により求めてよい。

$$M_y = 0.9 a_t \sigma_y d \tag{5.26}$$

ここで、

a_t：梁引張側主筋の断面積、d：梁の有効せい
σ_y：梁主筋の降伏応力度（通常、短期許容引張応力度をとってよい）

5.2 梁のせん断補強

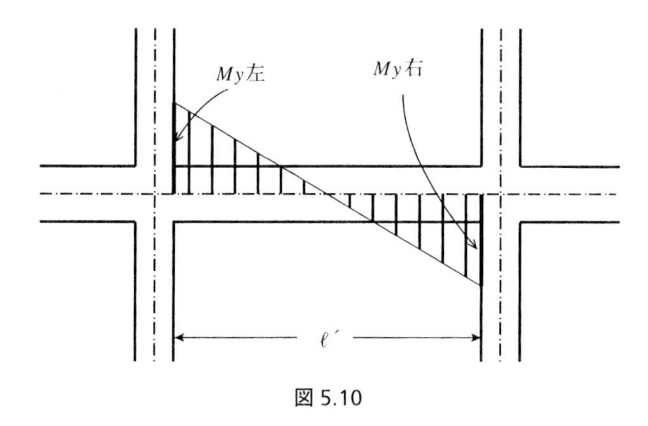

図 5.10

曲げモーメントが増大して降伏曲げモーメントに達した時点では、引張鉄筋が降伏した状態にあるので、応力はこれ以上増加せず、変形のみが進行する状態となる。曲げを受ける部分では、回転変位が進行し、回転自由のピン（ヒンジ）のような状態となるので、これを**塑性ヒンジ**（または**降伏ヒンジ**）と呼んでいる。（ただし、通常のピンとは異なり、曲げモーメントは 0 ではなく、M_y を保っている。）したがって、この塑性ヒンジの発生した状態が、その梁に生じうる最大の応力状態ということになる。

すなわち、ここでは作用荷重に関係なく、梁に生じ得る最大の曲げモーメントを想定しており、Q_{S2} はその時梁に生じ得る最大のせん断力ということになる。そこで、最初から Q_{S2} のみを考えればよいように思われるが、一般の設計では、Q_{S1} はこの時点までに既に求まっていることが多く、1.5～2.0 は安全率としても十分なので、先ず Q_{S1} でチェックし、ダメな場合はあらためて Q_{S2} でチェックするというのが一般的な手順となっている。

5.2.5 肋筋の算定

実際に肋筋の必要量を算定する場合、基本的には、梁の許容せん断力（式(5.19)）＞梁の設計せん断力（式(5.22),(5.23)）となるように肋筋の量を決めればよい。しかし、設計の手順としては、5.2.3 項でも述べたように、先ずコンクリートだけで持つかどうかをチェックし、持てば最低限の $p_w = 0.2\%$ とすればよい。そして、コンクリートの負担能力を超過した場合には、その超過した分（ΔQ）に

ついて肋筋を算定することとなる。算定の手順を図5.11のフローチャートに示す。式(5.19)より、コンクリートの負担分は$\alpha f_s b j$であるので、

$$\Delta Q = Q_D - \alpha f_s b j \tag{5.27}$$

そこで、

$$0.5 f_w (p_w - 0.002) b j \geq \Delta Q \tag{5.28}$$

$$p_w \geq \frac{\Delta Q}{0.5 f_w b j} + 0.002 \tag{5.29}$$

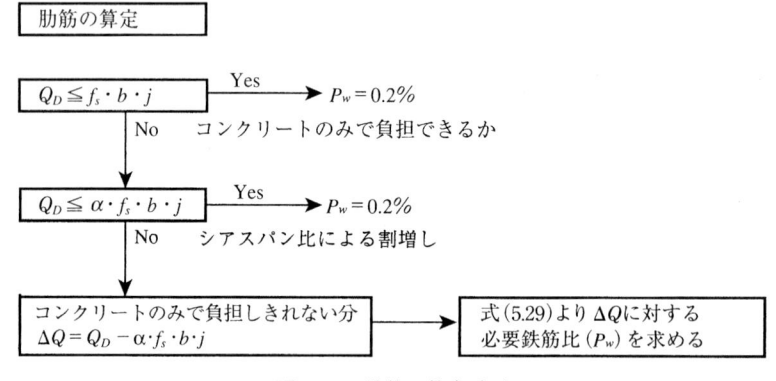

```
                    肋筋の算定

        ┌─────────────────┐
        │ Q_D ≦ f_s · b · j │ ──Yes──▶ P_w = 0.2%
        └─────────────────┘
                 │ No    コンクリートのみで負担できるか
                 ▼
        ┌───────────────────┐
        │ Q_D ≦ α · f_s · b · j │ ──Yes──▶ P_w = 0.2%
        └───────────────────┘
                 │ No    シアスパン比による割増し
                 ▼
    ┌───────────────────────────┐       ┌─────────────────────┐
    │ コンクリートのみで負担しきれない分   │ ────▶│ 式(5.29)より ΔQに対する │
    │ ΔQ = Q_D − α · f_s · b · j   │       │ 必要鉄筋比 (P_w) を求める │
    └───────────────────────────┘       └─────────────────────┘
```

図 5.11 肋筋の算定手順

5.2.6 肋筋に関する構造制限

肋筋に関する構造制限を、表の形で以下に示す。

表 5.1 肋筋に関する構造制限

鉄筋径	9φまたはD10	13φまたはD13以上
肋筋間隔	梁成の1/2以下かつ25 cm以下	梁成の1/2以下かつ45 cm以下
肋筋比	0.2％以上	
その他	主筋を包含し、主筋内部のコンクリートを十分拘束するように配置。末端は135°以上に曲げて定着または相互に溶接。	

肋筋間隔については、基礎梁などで25cm以下が施工上困難な場合、太めの鉄筋を用いるなどして、45cmまで広げてもよいとしている。また、末端の定着が十分でないと、地震などでかぶりコンクリートがはがれた時に、肋筋がはじける状態となり、5.1節で述べた様々な効果が発揮できないので注意を要する。

［例題 5.1］
　図5.12に示す梁のせん断設計を行う。主筋の配筋や作用応力は図に示す通りとする。

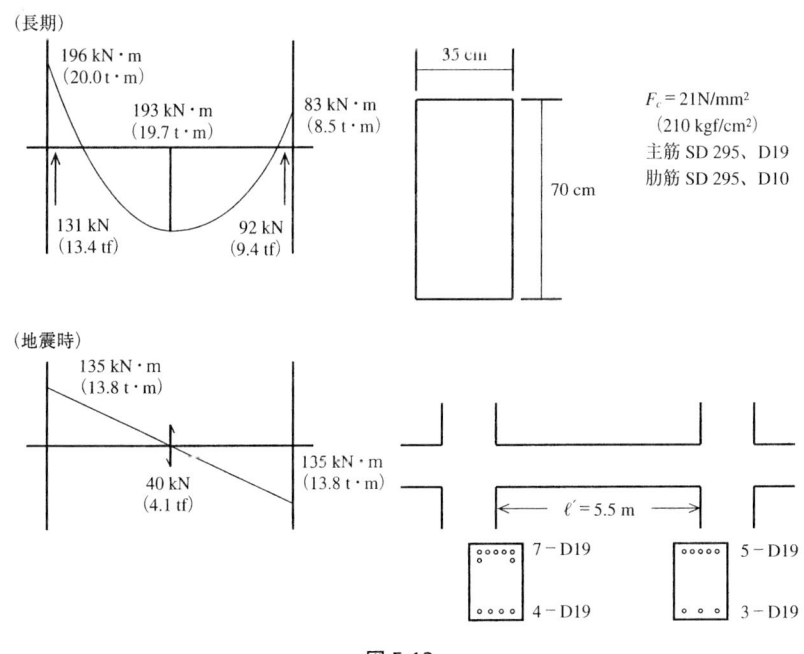

図 5.12

$$D = 70\,\text{cm} \Rightarrow d = 70 - 6 = 64\,\text{cm},\ j = \frac{7}{8}d = \frac{7}{8} \times 64 = 56\,\text{cm}$$

梁中央部ではせん断力が小さいので、両端部について設計すればよい。

（左端部）
〈長期〉
$f_s = 0.7 \, \text{N/mm}^2 \, (7.0 \, \text{kgf/cm}^2)$
$f_s bj = 0.7 \times 350 \times 560 = 137200 \, \text{N} = 137.2 \, \text{kN} \geqq Q_L = 131 \, \text{kN}$　　OK
　　　　　　　　　　　　　　(14.0 tf)　　　　　(13.4 tf)
　　　　　　　　　　⇨ $p_w = 0.2\%$

〈短期〉
$f_s = 1.05 \, \text{N/mm}^2 \, (10.5 \, \text{kgf/cm}^2)$
$Q_{D1} = Q_L + 2 Q_E = 131 + 2 \times 40 = 211 \, \text{kN} \, (21.5 \, \text{tf})$
$f_s bj = 1.05 \times 350 \times 560 = 205800 \, \text{N} = 205.8 \, \text{kN} < Q_{D1} = 211 \, \text{kN}$　　NG
　　　　　　　　　　　　　　(21.0 tf)　　　　　(21.5 tf)

そこで、シアスパン比より α を求める。

$Q = Q_L + Q_E = 171 \, \text{kN} \, (17.4 \, \text{tf})$

$\dfrac{M}{Qd} = \dfrac{331 \times 10^3}{171 \times 640} = 3.02$

$\therefore \ \alpha = \dfrac{4}{\left(\dfrac{M}{Qd} + 1\right)} = \dfrac{4}{(3.02+1)} = 0.995$ ⇨ $1 \leqq \alpha \leqq 2$ より、$\alpha = 1.0$

$\alpha f_s bj = 1.0 \times 205.8 = 205.8 \, \text{kN} < Q_{D1} = 211 \, \text{kN}$　　NG
　　　　　　　　(21.0 tf)　　　　　(21.5 tf)

次に、M_y を求めて Q_{D2} によりチェックする。梁の降伏パターンは、下図に示すように、(a)左の下端筋と右の上端筋が降伏するか、(b)左の上端筋と右の下端筋が降伏するかのどちらかであり、弱い方(合計の鉄筋量の少ない方)が先に降伏することになる。したがって、本例では(a)のパターンで決まることとなる。

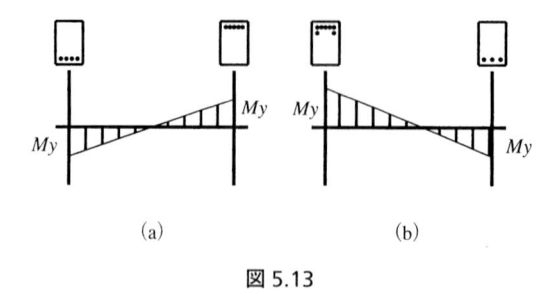

図 5.13

5.2 梁のせん断補強

左端部(4-D19) の M_y
 $M_y = 0.9\, a_t\, \sigma_y\, d = 0.9 \times 1148 \times 295 \times 640 \times 10^{-6} = 195\,\text{kN}\cdot\text{m}\,(19.9\,\text{t}\cdot\text{m})$

右端部(5-D19) の M_y
 $M_y = 0.9\, a_t\, \sigma_y\, d = 0.9 \times 1435 \times 295 \times 640 \times 10^{-6} = 244\,\text{kN}\cdot\text{m}\,(24.9\,\text{t}\cdot\text{m})$

 $\Sigma M_y = 195 + 244 = 439\,\text{kN}\cdot\text{m}\,(44.8\,\text{t}\cdot\text{m})$

 $Q_{S2} = \dfrac{\Sigma M_y}{\ell'} = \dfrac{439}{5.5} = 79.8\,\text{kN}\,(8.14\,\text{tf})$

 $Q_{D2} = Q_L + Q_{S2} = 131 + 79.8 = 210.8\,\text{kN} > \alpha f_s\, bj = 205.8\,\text{kN}$ <u>NG</u>
       (21.5 tf)   (21.0 tf)

そこで，設計せん断力として小さい方の Q_{D2} をとると、

 $\Delta Q = Q_{D2} - \alpha f_s\, bj = 210.8 - 205.8 = 5.0\,\text{kN}\,(0.5\,\text{tf})$ となり、

式(5.29) より

 $P_w \geqq \dfrac{5 \times 10^3}{0.5 \times 295 \times 350 \times 560} + 0.002 = 0.0022 = 0.22\%$

肋筋としてD10を用いるとすると、配筋間隔は式(5.15) より、

 $x = \dfrac{a_w}{b\, p_w} = \dfrac{1.43}{35 \times 0.0022} = 18.5\,\text{cm}\ \ \Rightarrow\ \ 15\,\text{cm}$

この配筋は，構造制限をすべて満足しているので、最終的に、<u>配筋 2-D10@150</u>
となる。

(右端部)
〈長期〉
　　 $f_s = 0.7\,\text{N/mm}^2\,(7.0\,\text{kgf/cm}^2)$
　　 $f_s\, bj = 0.7 \times 350 \times 560 = 137200\,\text{N} = 137.2\,\text{kN} \geqq Q_L = 92\,\text{kN}$ OK
　　　　　　　　　(14.0 tf)   (9.4 tf)
　　　　　　　 $\Rightarrow\ p_w = 0.2\%$

〈短期〉
　　 $f_s = 1.05\,\text{N/mm}^2\,(10.5\,\text{kgf/cm}^2)$
　　 $Q_{D1} = Q_L + 2\, Q_E = 92 + 2 \times 40 = 172\,\text{kN}\,(17.5\,\text{tf})$
　　 $f_s\, bj = 1.05 \times 350 \times 560 = 205800\,\text{N} = 205.8\,\text{kN} \geqq Q_{D1} = 172\,\text{kN}$ OK
　　　　　　　　　(21.0 tf)   (17.5 tf)
　　　　　　　 $\Rightarrow\ p_w = 0.2\%$

そこで、肋筋として D10 を用いるとすると、配筋間隔は、

$$x = \frac{a_w}{b\,p_w} = \frac{1.43}{35 \times 0.002} = 20.4\,\text{cm} \Rightarrow 20\,\text{cm}$$

この配筋は、構造制限をすべて満足しているので、最終的に、配筋 2-D10@200 となる。

5.3 柱のせん断補強

柱の場合も、断面の応力状態等基本的な関係は梁の場合と全く同じである。ただし、柱がせん断破壊した場合は、梁よりもさらに危険となるので、安全率等は梁に比べてより厳しくとっている。

5.3.1 柱の許容せん断力

梁の式を準用しているが、長期と短期で次のように分けている。

〈長期〉
$$Q_{AL} = \alpha f_s b j \tag{5.30}$$

すなわち、長期の場合は、コンクリートのみで持つように設計し、設計せん断力がこれを越えた場合は、断面寸法を変更することとなる。これは、長期（通常の使用）の状態では、ひびわれを許さないということである。柱は、梁と違ってむき出しの状態になっていることが多い。したがって、通常の使用状態で柱にひびわれが発生すると、使用者に不安を抱かせたり、ひびわれから浸透した雨水などにより鉄筋が錆びるなどの問題が生じる。

〈短期〉
$$Q_{AS} = \{f_s + 0.5 f_w (p_w - 0.002)\} b j \tag{5.31}$$

短期の場合は、安全のため割り増し係数の α を 1.0 としている。

5.3.2 柱の設計せん断力

柱の設計せん断力も梁の場合とほぼ同様であるが、短期については若干の違いがある。

5.3 柱のせん断補強

〈長期荷重時〉

$$Q_D = Q_L \tag{5.32}$$

ここで、Q_L は応力計算により求めた長期荷重時のせん断力

〈短期荷重時〉

下の Q_{D1}, Q_{D2} の小さい方をとる。

$$Q_{D1} = Q_L + n\,Q_E \tag{5.33}$$

ここで、Q_E は応力計算により求めた地震時のせん断力、n は安全率で梁の場合と同様とする。

$$Q_{D2} = \frac{\Sigma M_y}{h'} \tag{5.34}$$

ここで、h' は柱の内法長さ、ΣM_y は柱の両端部に塑性ヒンジが発生し、**崩壊機構**(または**メカニズム**)(降伏ヒンジが多数発生し、倒壊可能な不安定構造となった状態)が形成されたときの、両端の曲げモーメントの合計である。

梁の場合は単純にその梁の両端が降伏した場合を考えればよいが、柱の場合は崩壊メカニズムのパターンが、図5.14に示すようにいくつかあるので、各々の場合について考えなければならない。

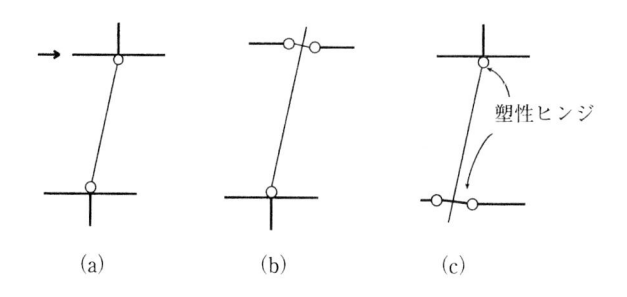

図 5.14

ここで、(a)は図5.15に示すように梁の場合と全く同じである。また、(b)と(c)は同じ考え方ができるので、以下に(b)の場合について詳述する。

(a)の場合

$$\Sigma M_y = M_{yI} + M_{yB} \tag{5.35}$$

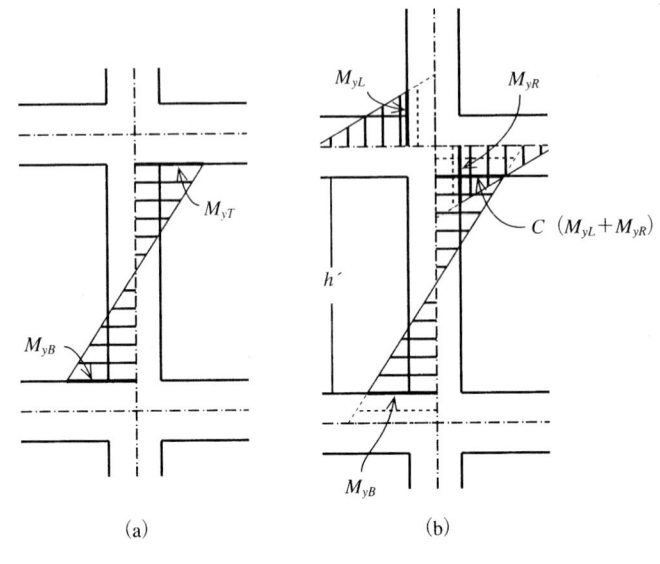

図 5.15

(b) の場合

$$\Sigma M_y = M_{yB} + C(M_{yL} + M_{yR}) \tag{5.36}$$

ここで、

$$C = \frac{1}{2},\ (最上階では C = 1)$$

これは柱脚に降伏ヒンジが発生し、さらに柱頭に接続する梁に降伏ヒンジが発生した状態であり、柱頭は降伏に至っていない。そこで、この状態での柱頭の曲げモーメントをどう評価するかが問題となる。ここでの考え方としては、柱頭の節点での力のつりあいより、両側の梁のモーメントの合計と上下の柱のモーメントの合計がつりあっており、両側の梁は降伏モーメントとなっていることが分かっている。したがって、両側の梁の降伏モーメントの合計を上下の柱で分けて受け持つと考えると、下の柱の柱頭部が何割を受け持つかが分かればよい。しかし、塑性化した状態でのこの割合を正確に求めることは困難であるので、ここでは単純に1/2としている。また、最上階では上に柱がないので、下の柱の柱頭で100%（$C = 1$）受け持たねばならない。

また、梁、柱の降伏モーメントについては、梁は式(5.26)を用いればよいし、

5.3 柱のせん断補強

柱については下の式(5.37), (5.38)の略算式を用いてよい。

($N \leq 0.4\,bDF_c$ のとき)
$$M_y = 0.8\,a_t\,\sigma_y D + 0.5\,ND\left(1 - \frac{N}{bDF_c}\right) \tag{5.37}$$

($N > 0.4\,bDF_c$ のとき)
$$M_y = 0.8\,a_t\,\sigma_y D + 0.12\,bD^2 F_c \tag{5.38}$$

ここで、a_t：柱の引張側主筋断面積、σ_y：柱主筋の降伏応力度
D：柱せい、N：柱の短期軸方向圧縮力の最大値

5.3.3 帯筋の算定

帯筋の算定についても、基本的には肋筋の場合と同様であるが、許容せん断力および設計せん断力の違いに応じて、若干の違いがでてくる。そこで、図5.16に帯筋算定のフローチャートを示す。特に、長期において、コンクリートのみで負担できない場合、断面変更となるのが梁との大きな違いである。

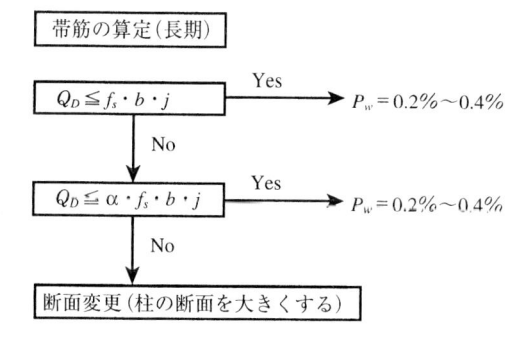

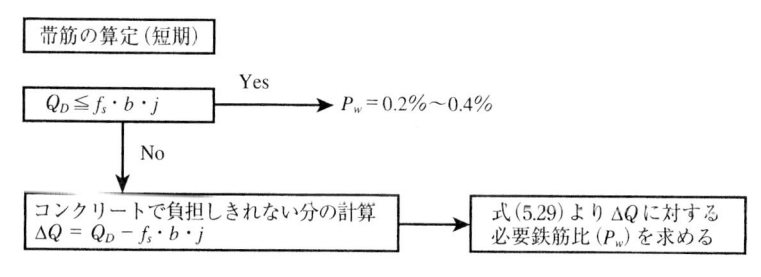

```
帯筋の算定(長期)
    │
    ▼
 Q_D ≦ f_s・b・j ──Yes──▶ P_w = 0.2%〜0.4%
    │ No
    ▼
 Q_D ≦ α・f_s・b・j ──Yes──▶ P_w = 0.2%〜0.4%
    │ No
    ▼
 断面変更(柱の断面を大きくする)


帯筋の算定(短期)
    │
    ▼
 Q_D ≦ f_s・b・j ──Yes──▶ P_w = 0.2%〜0.4%
    │ No
    ▼
 コンクリートで負担しきれない分の計算    式(5.29)より ΔQ に対する
 ΔQ = Q_D − f_s・b・j              ──▶ 必要鉄筋比($P_w$)を求める
```

図 5.16 帯筋の算定手順

5.3.4 帯筋に関する構造制限

帯筋に関する構造制限を、表の形で以下に示す。

表 5.2 帯筋に関する構造制限

鉄筋径		9φ または D10	13φ または D13 以上
間隔	柱の上下 1.5D の区間	10 cm 以下	20 cm 以下
	それ以外の区間	15 cm 以下	20 cm 以下
帯筋比		0.2〜0.4％以上	
その他		主筋を包含し、主筋内部のコンクリートを十分拘束するように配置。末端は135°以上に曲げて定着。	

せん断力や圧縮力が特に大きくなるおそれがある場合は、鉄筋端部を溶接した閉鎖形鉄筋や副帯筋を用いる。

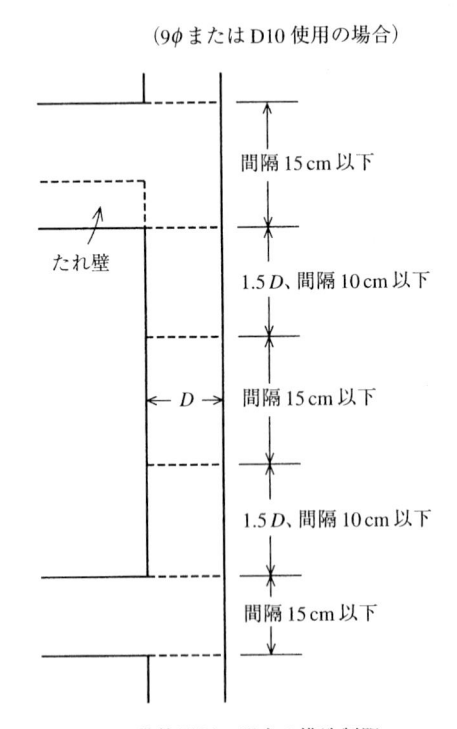

(9φ または D10 使用の場合)

- 間隔 15 cm 以下
- たれ壁
- 1.5D、間隔 10 cm 以下
- D
- 間隔 15 cm 以下
- 1.5D、間隔 10 cm 以下
- 間隔 15 cm 以下

図 5.17 帯筋間隔に関する構造制限

5.3 柱のせん断補強

柱の場合、せん断破壊を防ぎ、5.1節で述べた靭性を高める効果を十分発揮させることが特に重要である。そこで、鉄筋間隔についても、梁よりはかなり密に入れることとしている。また、特に重要な柱の場合は、連続したらせん筋を用いることが望ましい。

[例題 5.2]

図5.18に示す柱のせん断設計を行う。主筋の配筋や作用応力および柱に接続する梁の状況は図に示す通りとする。

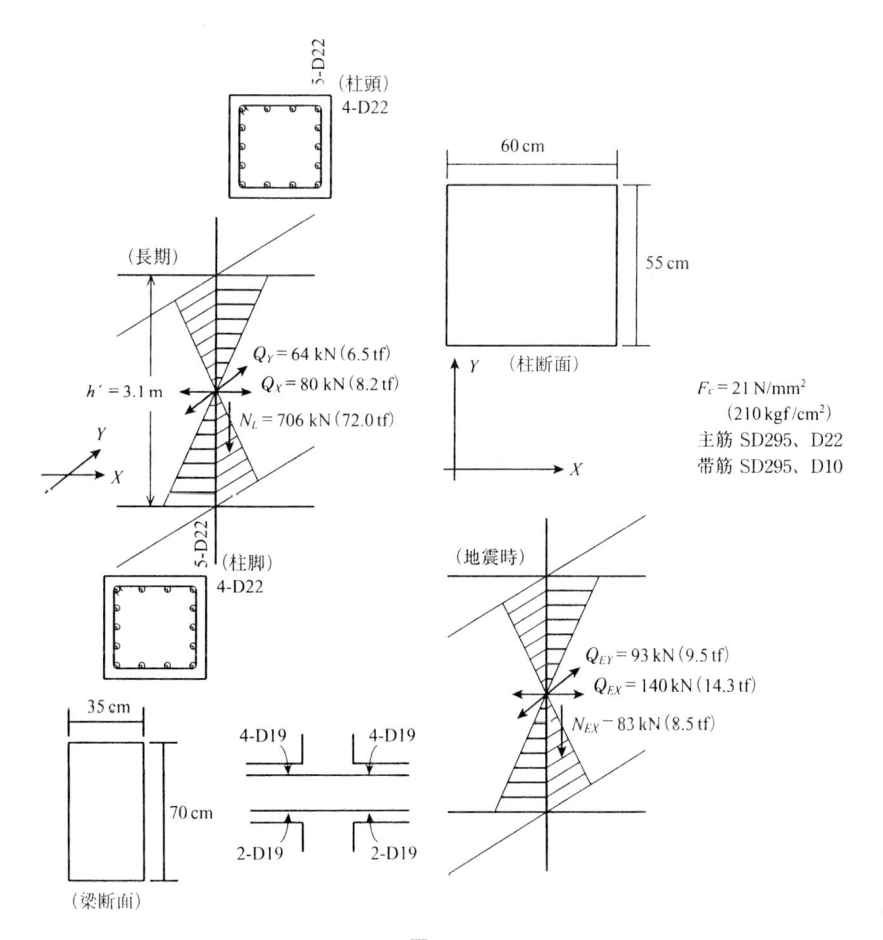

(柱頭) 5-D22 4-D22

(長期)
$Q_Y = 64\,\mathrm{kN}\,(6.5\,\mathrm{tf})$
$Q_X = 80\,\mathrm{kN}\,(8.2\,\mathrm{tf})$
$N_L = 706\,\mathrm{kN}\,(72.0\,\mathrm{tf})$
$h' = 3.1\,\mathrm{m}$

(柱脚) 5-D22 4-D22

(梁断面) 35 cm × 70 cm

4-D19　4-D19
2-D19　2-D19

(柱断面) 60 cm × 55 cm
$F_c = 21\,\mathrm{N/mm^2}$
$(210\,\mathrm{kgf/cm^2})$
主筋 SD295、D22
帯筋 SD295、D10

(地震時)
$Q_{EY} = 93\,\mathrm{kN}\,(9.5\,\mathrm{tf})$
$Q_{EX} = 140\,\mathrm{kN}\,(14.3\,\mathrm{tf})$
$N_{EX} = 83\,\mathrm{kN}\,(8.5\,\mathrm{tf})$

図 5.18

> 柱の場合、図に示すように2方向からの力を受けるので、X, Y両方向についてチェックし、最も不利な場合で決まることとなる。

図より、X方向に対しては、$b = 55\,\text{cm}, D = 60\,\text{cm}$であるので、

$d = 60 - 6 = 54\,\text{cm}$、$j = \dfrac{7}{8}d = 47.25\,\text{cm}$

また、Y方向に対しては、$b = 60\,\text{cm}, D = 55\,\text{cm}$であるので、

$d = 55 - 6 = 49\,\text{cm}$、$j = \dfrac{7}{8}d = 42.88\,\text{cm}$

〈長期〉

$f_s = 0.7\,\text{N/mm}^2\,(7.0\,\text{kgf/cm}^2)$

(X方向)

$f_s\,bj = 0.7 \times 550 \times 472.5 = 181913\,\text{N} \fallingdotseq 181.9\,\text{kN} \geqq Q_L = 80\,\text{kN}$　　OK
　　　　　　　　　　　　　　　　　　　(18.5 tf)　　　　　(8.2 tf)

(Y方向)

$f_s\,bj = 0.7 \times 600 \times 428.8 = 18096\,\text{N} \fallingdotseq 180.1\,\text{kN} \geqq Q_L = 64\,\text{kN}$　　OK
　　　　　　　　　　　　　　　　　　　(18.4 tf)　　　　　(6.5 tf)
　　　　　　　　　　　　　　⇒　$p_w = 0.2\%$

〈短期〉

$f_s = 1.05\,\text{N/mm}^2\,(10.5\,\text{kgf/cm}^2)$

(X方向)

$Q_{D1} = Q_L + 2\,Q_E = 80 + 2 \times 140 = 360\,\text{kN}\,(36.7\,\text{tf})$

$f_s\,bj = 1.05 \times 550 \times 472.5 = 272869\,\text{N} \fallingdotseq 272.8\,\text{kN} < Q_{D1} = 360\,\text{kN}$　　NG
　　　　　　　　　　　　　　　　　　　(27.8 tf)　　　　　(36.7 tf)

そこで、M_yを求めてQ_{D2}によりチェックする。

柱の降伏モーメントの計算

$N = N_L + N_E = 706 + 83 = 789\,\text{kN} < 0.4\,bDF_c = 2772\,\text{kN}$
　　　　　　　　　　　　　　(80.5 tf)　　　　　　(283 tf)

故に、式(5.34)より、

$M_y = 0.8\,a_t\,\sigma_y D + 0.5\,ND\left(1 - \dfrac{N}{bDF_c}\right)$

5.3 柱のせん断補強

$$= 0.8 \times 1935 \times 295 \times 600 \times 10^{-6}$$
$$+ 0.5 \times 789 \times 10^3 \times 600 \left(1 - \frac{789 \times 10^3}{550 \times 600 \times 21}\right) \times 10^{-6}$$
$$= 483.7\,\text{kN·m}\,(49.3\,\text{t·m})$$

柱頭、柱脚とも同じなので、
$$\Sigma M_y = 483.7 + 483.7 = 967.4\,\text{kN·m}\,(98.6\,\text{t·m})$$

$$\therefore\ Q_{D2} = \frac{\Sigma M_y}{h'} = \frac{967.4}{3.1} = 312\,\text{kN} > f_s\,bj = 272.8\,\text{kN} \qquad \text{NG}$$
$$\hspace{8em}(31.8\,\text{tf})\hspace{3em}(27.8\,\text{tf})$$

柱頭に連なる梁の降伏モーメントの計算

左の梁の M_y（上側引張とする）
$$M_{yL} = 0.9\,a_t\,\sigma_y\,d = 0.9 \times 1148 \times 295 \times 640 \times 10^{-6} = 195.1\,\text{kN·m}\,(19.9\,\text{t·m})$$

右の梁の M_y（下側引張とする）
$$M_{yR} = 0.9\,a_t\,\sigma_y\,d = 0.9 \times 574 \times 295 \times 640 \times 10^{-6} = 97.5\,\text{kN·m}\,(9.9\,\text{t·m})$$

$$\Sigma M_y = M_{yB} + C(M_{yL} + M_{yR}) = 483.7 + 0.5(195.1 + 97.5)$$
$$= 630\,\text{kN·m}\,(64.2\,\text{t·m})$$

$$\therefore\ Q_{D2} = \frac{\Sigma M_y}{h'} = \frac{630}{3.1} = 203.2\,\text{kN} < f_s\,bj = 272.8\,\text{kN} \qquad \text{OK}$$
$$\hspace{8em}(20.7\,\text{tf})\hspace{3em}(27.8\,\text{tf})$$
$$\Rightarrow\ p_w = 0.2\%$$

（Y方向）
$$Q_{D1} = Q_L + 2\,Q_E = 64 + 2 \times 93 = 250\,\text{kN}\,(25.5\,\text{tf})$$

$$f_s\,bj = 1.05 \times 600 \times 428.8 = 270144\,\text{N} = 270\,\text{kN} > Q_{D1} = 250\,\text{kN} \qquad \text{OK}$$
$$\hspace{8em}(27.5\,\text{tf})\hspace{3em}(25.5\,\text{tf})$$
$$\Rightarrow\ p_w = 0.2\%$$

そこで、帯筋としてD10を用いるとすると、配筋間隔は式(5.15)より、

（X方向）
$$x = \frac{a_w}{b\,p_w} = \frac{1.43}{55 \times 0.002} = 13.0\,\text{cm} \quad \Rightarrow \quad 10\,\text{cm}$$

（Y方向）
$$x = \frac{a_w}{b\,p_w} = \frac{1.43}{60 \times 0.002} = 11.9\,\text{cm} \quad \Rightarrow \quad 10\,\text{cm}$$

この配筋は、構造制限をすべて満足しているので、最終的に、配筋 2-D10@100 となる。

5.4 柱梁接合部のせん断補強

従来、鉄筋コンクリート造においては、比較的余裕のある断面の柱・梁を用いることが多く、また、梁端部にハンチを付けて接合部の固定度を高めるなどの配慮がなされていたことなどから、地震時に柱梁接合部が被害を受けることはほとんどなく、柱梁接合部の設計は省略されることが多かった。しかし、近年、施工の簡易化のためハンチはほとんど用いられなくなっており、また、コンクリートや鉄筋の高強度化により部材各部に生じる応力はかなり大きいものとなっている。先年の兵庫県南部地震においても、柱梁接合部の被害が多く見られた。一方、構造設計法の進歩により、柱梁の塑性変形能力に期待した設計法が採られるようにもなってきている。すなわち、柱梁が十分塑性変形するまで接合部が耐えなければならないということであり、柱梁接合部の構造設計はもはや欠かせないものとなっている。

柱梁接合部は、一般に長期荷重時に大きなせん断力を受けることは少ない。しかし、水平荷重時には図5.19に示すように、かなり大きなせん断力が働くことが予想される。そこで、この状態に対してせん断設計を行う必要がある。

5.4.1 柱梁接合部の設計せん断力

水平荷重時の応力分布は、図5.19(a)のような形となる。このとき、接合部に作用するせん断力(Q_j)は、例えば接合部上部で考えると、図5.19(b)に示すように、左からの圧縮力(C_L)と右からの引張力(T_R)、さらに上の柱から伝わるせん断力(Q_c)の合計となる。(接合部につながる梁が片側のみの場合は、C_L、T_Rのどちらかが0となる。)

$$Q_j = T_R + C_L - Q_c \tag{5.39}$$

T_R、C_Lは曲げモーメントによる力なので、これを曲げモーメントで表すと、

$$Q_j = \frac{M_{bR}}{j} + \frac{M_{bL}}{j} - Q_c = \Sigma \frac{M_b}{j} - Q_c \tag{5.40}$$

5.4 柱梁接合部のせん断補強

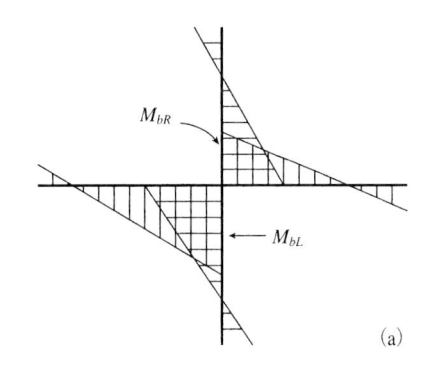

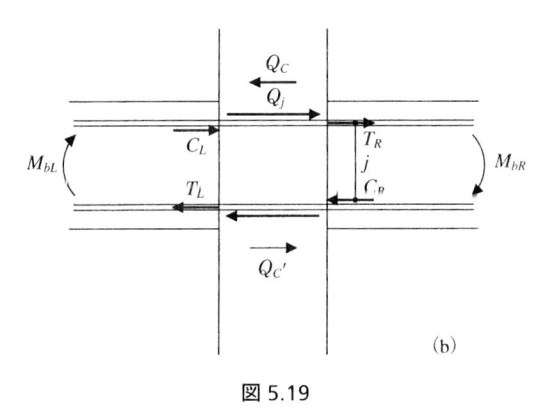

図 5.19

また、階高、スパンが比較的均等なラーメンの場合、M_b と Q_c の関係は近似的に次式で表すことができる。

$$Q_c = \frac{\Sigma M_b}{H\left(1 - \dfrac{D}{L}\right)} \tag{5.41}$$

ここで、
- M_b ：柱芯の節点位置ではなく、柱面位置での梁端部の曲げモーメント
- D ：柱せい
- H ：上下の柱の平均高さ(最上階では、最上階の柱高さ／2)
- L ：左右の梁の平均長さ(柱芯間距離で、外端の場合は外端の梁長さ)

式(5.41)を式(5.40)に代入すると、

$$Q_j = \Sigma \frac{M_b}{j}(1-\xi) \tag{5.42}$$

ここで、

$$\xi = \frac{j}{H\left(1-\dfrac{D}{L}\right)}$$

または、

$$Q_j = Q_c \frac{1-\xi}{\xi} \tag{5.43}$$

ここで、M_b、Q_cをどう評価するかが問題となる。すなわち、通常であれば応力算定により求まった梁の曲げモーメントと柱のせん断力を、各々M_b、Q_cとすればよいが、前節までで述べたように、梁、柱のせん断設計においては、せん断破壊を避けるために、割り増しした値、あるいは終局の状態を考慮した値を設計せん断力としている。したがって、柱梁接合部のせん断強度を、周辺の梁、柱と同等以上とするためには、ここでの設計応力も梁、柱のせん断設計における設計応力と同等以上とする必要がある。

そこで、下式に示すように、M_bとしては梁の降伏曲げモーメント(M_y)を、また、Q_cとしては柱の短期設計用せん断力(Q_D)を用いることとすると、柱梁接合部の設計せん断力(Q_{Dj})としては、下の二つの式のいづれか(値の小さい方)を用いればよいこととなる。

$$Q_{Dj} = \Sigma \frac{M_y}{j}(1-\xi) \tag{5.44}$$

$$Q_{Dj} = Q_D \frac{1-\xi}{\xi} \tag{5.45}$$

ここで、$M_y/j = \sigma_y a_t$であるので、式(5.44)は次のように表せる。

$$Q_{Dj} = \sigma_y (a_t + a_b)(1-\xi) \tag{5.46}$$

ここで、

a_t：一方の梁の上端筋断面積、a_b：他方の梁の下端筋断面積
σ_y：梁主筋の降伏応力度

ただし、ト形接合部およびL形接合部の場合は、$a_b = 0$とする。また、接合部の左右の梁の断面や長さが大きく異なる場合は、実状を考慮して、下のよう

な式を用いることとなろう。

$$Q_{Dj} = \sigma_y (a_t + a_b) - \left(\frac{M_y L}{\ell} + \frac{M'_y L'}{\ell'} \right) \tag{5.47}$$

ここで、
M_y、M'_y：左右の梁の降伏曲げモーメント
L、L'：左右の梁の長さ、ℓ、ℓ'：左右の梁の内法長さ

5.4.2 柱梁接合部の許容せん断力

既往の研究により、接合部内の帯筋は接合部のせん断強度を上げる効果がほとんどないことが知られている。そこで、接合部内の帯筋には接合部コアコンクリートを拘束する効果のみを期待することとすると、接合部の許容せん断力は、下に示すコンクリート強度に基づく終局せん断耐力(V_{ju})より求めることができる。

$$V_{ju} = \kappa \phi F_j b_j D_j \tag{5.48}$$

ここで、

κ：接合部の形状による係数
$\kappa = 1.0$（十字形）
$\kappa = 0.7$（ト形、T形）
$\kappa = 0.4$（L形）

ϕ：直交梁の有無による補正係数
$\phi = 1.0$（両側直交梁付き）
$\phi = 0.85$（上記以外）

F_j：接合部のせん断強度の基準値
$F_j = 0.8 \times \sigma_B^{0.7}$（N/mm²）
σ_B：コンクリートの圧縮強度
　　（$= F_c$：設計基準強度）

D_j：十字形、ト形の場合は柱せい(D)、 T形、L形の場合は梁主筋定着部の90度折曲げ筋水平投影長さ（第8章参照）

b_j：接合部有効幅（図5.20参照）
$b_j = b_b + b_{a1} + b_{a2}$（$b_{ai}$は$b_i/2$または$D/4$の小さい方とする）

すなわち、図5.20に示すように、基本的には柱幅、梁幅の平均値を有効幅としているが、梁からの応力は梁側面から1/2の角度で引いた線の外までは伝わら

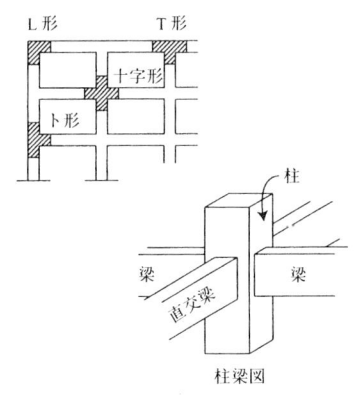

図 5.20

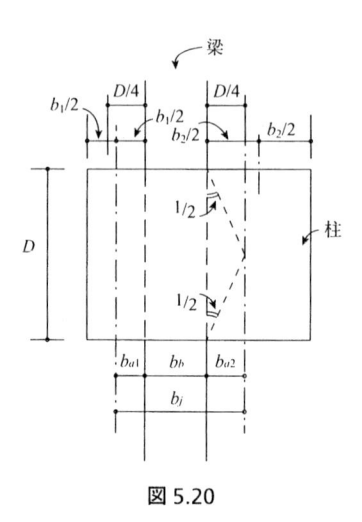

ないものと見て、$D/4$ を超える部分を無効としている。

この式 (5.48) の V_{ju} は、既往の実験結果 (σ_B = 20 〜 100N/mm²) のうち、梁、柱の降伏に先行して接合部がせん断破壊したものの下限値に相当している。

ここで、接合部の有効せい (D_j) を、十字形、T形では梁主筋を通し配筋するものとして、$D_j = D$ とし、ト形、L形では梁主筋を $0.75D$ 以上のみ込ませるものとして、$D_j = 0.75D$ と仮定する。また、直交梁の効果は期待できないとして $\phi = 0.85$ とすると、接合部の終局せん断強度 (τ_{ju}) は次のように表せる。

$$\tau_{ju} = \frac{V_{ju}}{b_j D} = \kappa_a F_{j0} \tag{5.49}$$

ここで、

　F_{j0}：接合部の終局せん断強度式におけるコンクリート項

　　$F_{j0} = F_c^{0.7}$ (N/mm²)

　κ_a：形状による係数

　　$\kappa_a = 0.680$ (十字形)、$\kappa_a = 0.476$ (T形)

　　$\kappa_a = 0.357$ (ト形)、$\kappa_a = 0.204$ (L形)

また、既往の実験結果から、F_{j0} とコンクリートの短期許容せん断応力度 f_s の関係が、次のように得られている。

$$F_{j0} = 15.4(f_s - 0.5) \tag{5.50}$$

ここに、

$F_c \geqq 21.4 \text{ N/mm}^2$ の場合：$f_s = 1.5\left(\dfrac{F_c}{100} + 0.5\right)$

$F_c < 21.4 \text{ N/mm}^2$ の場合：$f_s = \dfrac{F_c}{20}$

そこで、学会規準 [1] では、式 (5.50) を式 (5.49) に代入した上で、多少の安全率を見込んで、最終的に柱梁接合部の短期許容せん断力 (Q_{Aj}) を以下のように定めている。

$$Q_{Aj} = \kappa_A (f_s - 0.5) b_j D \tag{5.51}$$

ここで、

κ_A：接合部の形状による係数

$\kappa_A = 10$（十字形接合部）、$\kappa_A = 7$（T形接合部）

$\kappa_A = 5$（ト形接合部）、　$\kappa_A = 3$（L形接合部）

ただし、梁主筋の投影定着長さ (ℓ_{dh}) が $0.75D$ より短い場合は、式 (5.51) に下の係数を乗じる。

$$\phi_A = \dfrac{\ell_{dh}}{0.75D} \leqq 1$$

5.4.3　接合部帯筋に関する構造制限

学会規準 [1] では、柱梁接合部内の帯筋に関する構造制限を以下のように定めている。
(1) 帯筋は、直径 9 mm 以上の丸鋼または D10 以上の異形鉄筋を用いる。
(2) 帯筋比は 0.2％以上とする。
(3) 帯筋間隔は 150 mm 以下とし、かつ、隣接する柱の帯筋間隔の 1.5 倍以下とする。

[例題 5.3]

図 5.21 に示す十字形接合部のせん断設計を行う。ただし、接合部周辺の柱、梁の状況は、図に示す通りとし、左右の梁長さは 6.1 m、上下の柱高さは 3.8 m とする。また、柱の設計せん断力 Q_D は 212 kN とする。

$L = 6{,}100 \text{ mm}, \ H = 3{,}800 \text{ mm}, \ 柱の D = 600 \text{ mm}$

図 5.21

梁の $D = 700\,\text{mm}$ より、$d = 700 - 60 = 640\,\text{mm}$, $j = \dfrac{7}{8}d = 560\,\text{mm}$

$F_c = 24\,\text{N/mm}^2$ であるので、表 2.5 より $f_s(\text{短期}) = 1.11\,\text{N/mm}^2$

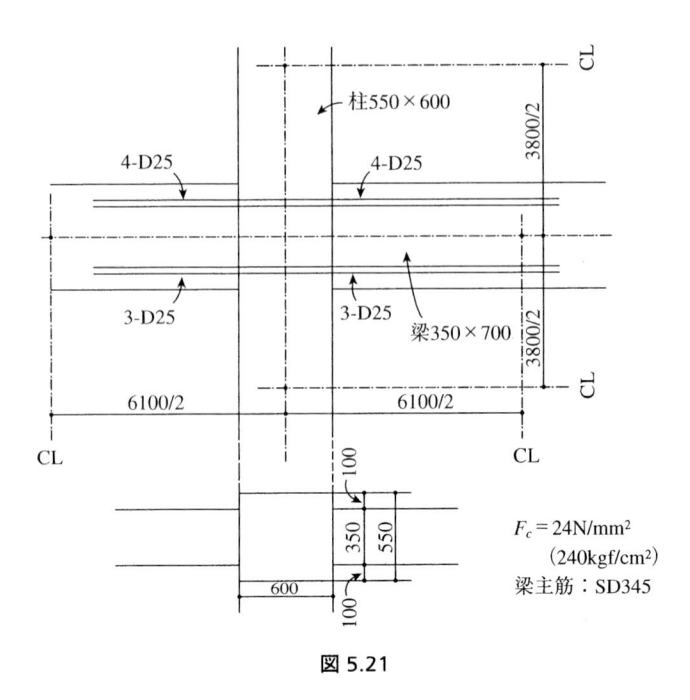

梁主筋 SD 345 より、$\sigma_y = 345\,\text{N/mm}^2$

また、十字形接合部であるので、形状係数は、$\kappa_A = 10$

〈接合部の短期設計用せん断力〉

$$\xi = \frac{j}{H\left(1 - \dfrac{D}{L}\right)} = \frac{560}{3800 \times \left(1 - \dfrac{600}{6100}\right)} = 0.163$$

式 (5.45) より、

$$Q_{Dj} = Q_D \frac{1 - \xi}{\xi} = 212 \times \frac{1 - 0.163}{0.163} = 1089\,\text{kN}$$

5.4 柱梁接合部のせん断補強

式(5.46)より、

$$Q_{Dj} = \sigma_y (a_t + a_b)(1 - \xi)$$
$$= 345 \times (2028 + 1521) \times (1 - 0.163) \times 10^{-3} = 1025 \text{ kN}$$

以上より、$Q_{Dj} = 1025$ kN

〈接合部の短期許容せん断力〉

$$b_j = b_b + b_{a1} + b_{a2} = 350 + \frac{100}{2} + \frac{100}{2} = 450 \text{ mm}$$

式(5.51)より、

$$Q_{Aj} = \kappa_A (f_s - 0.5) b_j D = 10 \times (1.11 - 0.5) \times 450 \times 600 \times 10^{-3}$$
$$= 1647 \text{ kN} > Q_{Dj} = 1025 \text{ kN} \quad \underline{\text{OK}}$$

接合部の帯筋として、D13を用いるとすると、$p_w \geqq 0.2\%$とするための帯筋間隔(X)は、

$$X \leqq \frac{2a_1}{b\, p_w} = \frac{2 \times 127}{550 \times 0.002} = 230 \text{ mm}$$

となり、構造制限の150 mmを超えている。そこで、配筋は構造制限により、<u>2D13 @ 150</u> とする。

演 習 問 題

[問題 5.1]
図5.22のような設計応力を受ける鉄筋コンクリート梁の左端部について、肋筋の配筋を決定しなさい。ただし、$Q_{D1} = Q_L + 2 \times Q_E$ とし、両端部および中央部の主筋の配筋は図5.22のように決定しているものとする。また、コンクリートは $F_c = 21$ N/mm² (210 kgf/cm²) を、鉄筋は主筋、肋筋とも SD295 を用い、肋筋の太さは D10 とする。

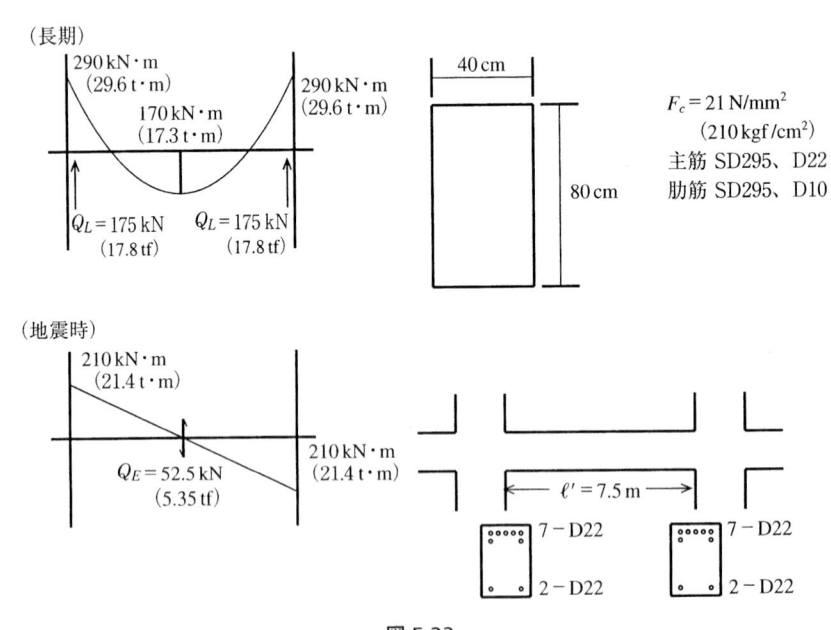

(長期)
290 kN・m (29.6 t・m)
170 kN・m (17.3 t・m)
290 kN・m (29.6 t・m)
$Q_L = 175$ kN (17.8 tf)
$Q_L = 175$ kN (17.8 tf)

40 cm
80 cm

$F_c = 21$ N/mm²
  (210 kgf/cm²)
主筋 SD295、D22
肋筋 SD295、D10

(地震時)
210 kN・m (21.4 t・m)
$Q_E = 52.5$ kN (5.35 tf)
210 kN・m (21.4 t・m)

$\ell' = 7.5$ m
7 − D22
2 − D22
7 − D22
2 − D22

図 5.22

[**問題** 5.2]
図 5.23 に示す柱のせん断設計を行い、帯筋の配筋を決定しなさい。ただし、主筋の配筋や作用応力および柱に接続する梁の状況は図に示す通りとする。また、コンクリートは $F_c = 21$ N/mm² (210 kgf/cm²) を、鉄筋は主筋、帯筋とも SD 345 を用い、帯筋の太さは D 10 とする。

(柱頭) 4-D22 / 3-D22

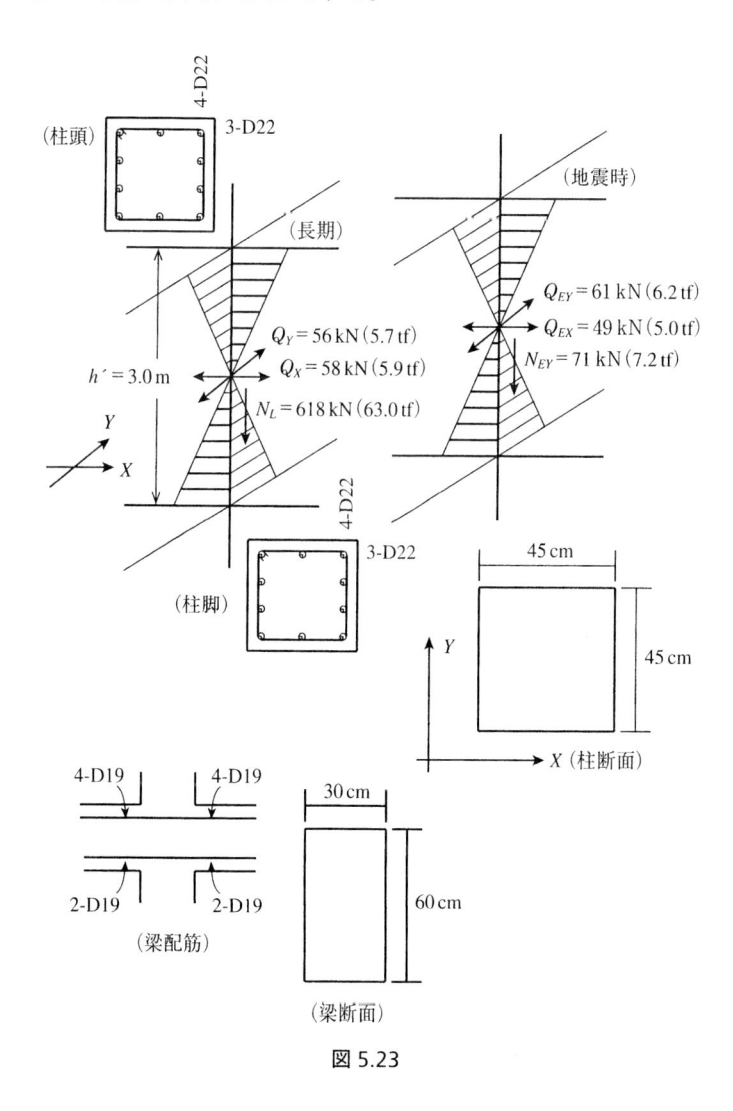

(長期)
$Q_Y = 56$ kN (5.7 tf)
$Q_X = 58$ kN (5.9 tf)
$N_L = 618$ kN (63.0 tf)
$h' = 3.0$ m

(地震時)
$Q_{EY} = 61$ kN (6.2 tf)
$Q_{EX} = 49$ kN (5.0 tf)
$N_{EY} = 71$ kN (7.2 tf)

(柱脚) 4-D22 / 3-D22

柱断面: 45 cm × 45 cm

(梁配筋) 4-D19 / 4-D19 / 2-D19 / 2-D19
(梁断面) 30 cm × 60 cm

図 5.23

[**問題** 5.3]

図5.24に示す柱梁接合部のせん断設計を行い、接合部内帯筋の配筋を決定しなさい。ただし、接合部周辺の柱、梁の状況は図に示す通りとし、柱の設計せん断力は155kNとする。また、コンクリートは$F_c = 21\,\text{N/mm}^2\,(210\,\text{kgf/cm}^2)$を、鉄筋は主筋、帯筋とも SD 345 を用い、帯筋の太さは D13 とする。

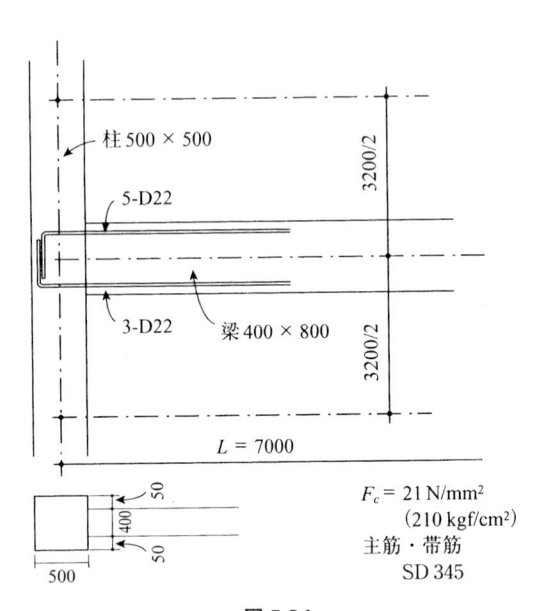

図 5.24

第6章
床スラブ・階段・耐震壁の設計

6.1 床スラブの設計

床スラブの主要な応力は曲げモーメントであるので、断面算定は梁と同じ方法で行えばよい。ただし、床スラブは梁のような線材(X, Y, Z の3方向の寸法のうちある1方向の寸法が他の2方向に比べて大きい1次元の部材)ではなく、面材(3方向のうち2方向の寸法が大きく、1方向が小さい2次元の部材)であるので、力の伝わり方や応力の分布は異なっている。そこで、床スラブの設計においては、応力をいかに求めるかが問題となる。

6.1.1 床スラブの応力

床スラブは前述のように面材であり、荷重は通常面に垂直方向に作用する。したがって、その応力は平板の理論により求められる。これは、梁の場合の平面保持の仮定と同様の仮定(法線保持の仮定)に基づき、微少部分についての力のつりあいや応力と変形の関係を用いて定式化されるもので、最終的に下の式(6.1)のような微分方程式が基本式として求められ、この基本式を様々な境界条件の下で解くことにより、応力・変形が求められる。

$$\frac{\partial^4 w}{\partial x^4} + \frac{2\partial^4 w}{\partial x^2 \partial y^2} + \frac{\partial^4 w}{\partial y^4} = \frac{p}{D} \tag{6.1}$$

ここで、w：たわみ、p：単位面積当たりの荷重

$D = \dfrac{Et^3}{12(1-v^2)}$：平板の曲げ剛性

4辺固定の場合の平板の応力分布を図6.1に示す。図から分かるように、周辺

では上側引張の曲げモーメントとなり、中央部では下側引張の曲げモーメントとなる。また、長方形スラブの場合、縦横の辺長比が大きく(細長く)なると長手方向の応力は小さくなり、主に短辺方向に力が伝わることが分かる。

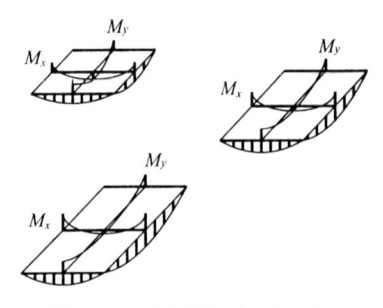

図 6.1 4辺固定平板の応力分布

しかし、設計としては、その都度微分方程式を解くのでは、あまり実用的とはいえない。そこで、様々な略算式や設計図表が提案されており、図6.2に示す図表などがよく用いられている。この図では、4辺固定平板について、長辺方向、短辺方向の端部と中央部の曲げモーメントを求められる他に、せん断力、たわみも同時に求められるようになっている。また、図中の実線は理論値を示しており、破線は実構造物における固定度のゆるみを考慮した値を示している。

スラブにおいては、スラブ厚に対して梁の断面が十分大きいので、図6.3に示すように、梁が付いている部分は固定されていると見なしている。したがって、例えば4辺に梁が付いている場合は、4辺固定平板ということになる。

6.1.2 床スラブの断面算定

前述のように、スラブに作用する主要な応力は曲げモーメントであるので、断面算定は梁と同じ方法によることができる。すなわち、扁平な梁が隙間なく並んでいると考えればよい。また、非常に扁平であるので、相対的にコンクリートの断面積が大きく、通常つりあい鉄筋比を超えることはない。したがって、必要鉄筋量の算定は、式(3.8)(下の式(6.2)に再録)を用いて略算すればよい。

$$a_t = \frac{M}{f_t \cdot j}, \quad j = \frac{7}{8}d \tag{6.2}$$

ここで、前項で求めたスラブの応力は、一般に単位幅当たり(例えば、幅1m

6.1 床スラブの設計

$\begin{pmatrix} E：コンクリートのヤング係数 \\ t：スラブ厚 \end{pmatrix}$

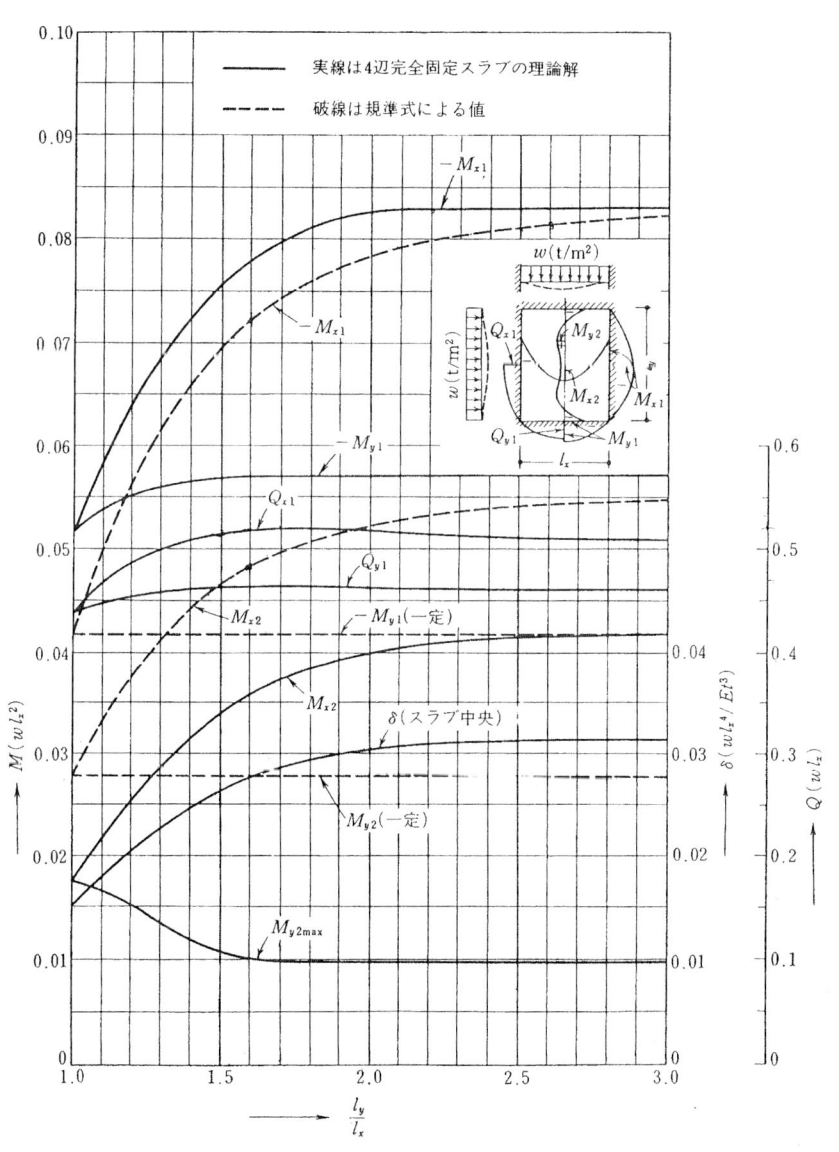

図 6.2 等分布荷重時 4 辺固定スラブの応力図と中央点のたわみ
(出典：日本建築学会編『鉄筋コンクリート構造計算基準・同解説』
日本建築学会、1988 年)

4辺固定　2辺固定

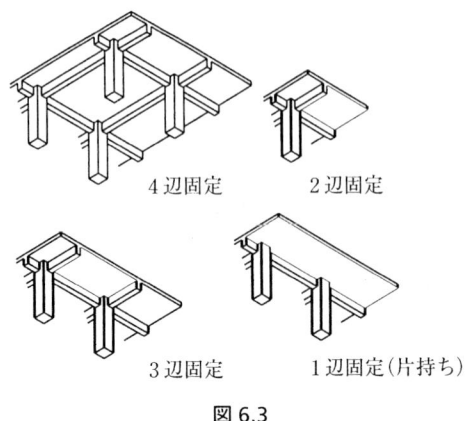

3辺固定　1辺固定(片持ち)

図 6.3

当たり)の応力として求まっているので、式(6.2)より求まる鉄筋量も幅1m当たりの必要量となっている。

　また、スラブは前述のように相対的にコンクリート断面が大きいので、一般的にはせん断力に対しては十分安全であり、検定を省略することが多い。ただし、付着破壊が生じる可能性はあるので、付着の検定を行う。検定方法については、基礎スラブの場合と同様であり、第7章(p.141)で詳述する。

　配筋は、上で求めたa_tとφを基に、付表2(p.164)より鉄筋の太さ、本数を決めればよい。スラブの鉄筋としては、一般にD10またはD13を用いるが、周辺部の上端筋にはD13を用いることが望ましい。その理由は、施工中スラブ筋の上を人が歩くことが多いが、D10では剛性が十分でないため踏まれて変形し、上端筋としての位置を確保できず、その結果、周辺の上側引張の曲げモーメントにより、ひびわれやたわみなどの障害を生じる可能性が高いためである。また、D13では鉄筋量が多くなりすぎる場合、D10とD13を交互に並べるという方法もよく行われている。

6.1.3　床スラブの構造制限

(1) 床スラブの厚さ

　床スラブの厚さは、表6.1に示す値以上、かつ8cm以上とする。ただし、鉄筋軽量コンクリートの場合、表6.1の1.1倍以上、かつ10cm以上とする。

　この表の周辺固定の場合の式は、スラブの長期たわみの限界値を$\ell_x/250$とし、

表6.1 床スラブの厚さ制限
(出典:日本建築学会編『鉄筋コンクリート構造計算基準・同解説
―許容応力度設計法―』日本建築学会、1999年)

支持条件	スラブ厚さ t (mm)
周辺固定	$t = 0.02 \{(\lambda - 0.7) / (\lambda - 0.6)\} (1 + w_p/10 + \ell_x/10000)\ell_x$
片持ち	$t = \ell_x/10$ (於支持端)

$\lambda = \ell_y/\ell_x$, ℓ_x:短辺有効スパン長さ(mm)、ℓ_y:長辺有効スパン長さ(mm)、
w_p:積載荷重と仕上げ荷重の和 (kN/m²)
ただし、有効スパン長さは、梁その他の支持部材間の内法寸法

その場合の弾性たわみの限界値を $\ell_x/4000$ として求めた式である。
しかし、実際の設計においては、周辺上端筋にD13を用い、さらにかぶり厚さ等を考えるとすると、最低でも 13〜15 cm 程度は必要となる。

(2) 鉄筋径

スラブの引張鉄筋は、D10以上の異形鉄筋、または鉄線の径6 mm以上の溶接金網を用いる。

(3) 鉄筋間隔

スラブの正負最大曲げモーメントを受ける部分(周辺部上端および中央部下端)では、鉄筋間隔を表 6.2 に示す値とする。

表6.2 スラブの鉄筋間隔
(出典:日本建築学会編『鉄筋コンクリート構造計算基準・同解説―許容
応力度設計法―』 日本建築学会、1999年)

	普通コンクリート	軽量コンクリート
短辺方向	200 mm 以下 径9 mm 未満の溶接金網では 150 mm 以下	200 mm 以下 径9 mm 未満の溶接金網では 150 mm 以下
長辺方向	300 mm 以下、かつスラブ厚の3倍以下 径9 mm 未満の溶接金網では 200 mm 以下	250 mm 以下 径9 mm 未満の溶接金網では 200 mm 以下

また、温度応力、収縮応力に対する安全確保のためスラブ筋の鉄筋比は全幅について 0.2% 以上とする。

［例題 6.1］

図 6.4 の床スラブの設計を行う。ただし、コンクリートは $F_c = 24\,\text{N/mm}^2$ (240 kgf/cm^2) を、鉄筋は SD295 を用いる。

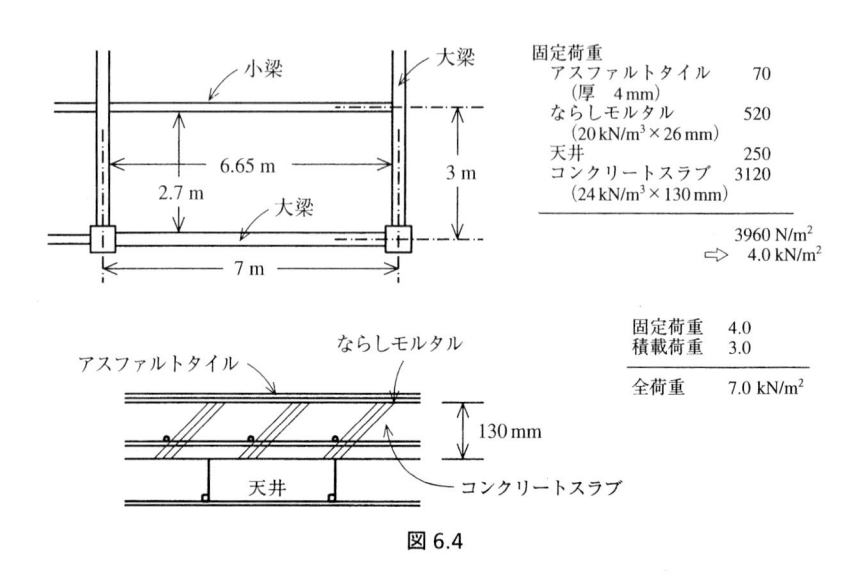

固定荷重
 アスファルトタイル　　70
 　（厚　4 mm）
 ならしモルタル　　　520
 　(20 kN/m^3 × 26 mm)
 天井　　　　　　　　250
 コンクリートスラブ　3120
 　(24 kN/m^3 × 130 mm)
 ─────────────
 　　　　　　3960 N/m^2
 　⇒　4.0 kN/m^2

固定荷重　4.0
積載荷重　3.0
─────────────
全荷重　　7.0 kN/m^2

図 6.4

まず表 6.1 により床スラブ厚さのチェックを行う。

$\ell_x = 2700$ mm、$\ell_y = 6650$ mm であるので、$\lambda = \ell_y/\ell_x = 2.46$
$w_p = (70 + 520 + 250) + 3000 = 3840\,\text{N/m}^2 = 3.84\,\text{kN/m}^2\,(392\,\text{kgf/m}^2)$

周辺に梁が付いているので、周辺固定の場合となり、

$$\begin{aligned}
t &= 0.02\,\frac{\lambda - 0.7}{\lambda - 0.6}\left(1 + \frac{w_p}{10} + \frac{\ell_x}{10000}\right)\ell_x \\
&= 0.02\,\frac{2.46 - 0.7}{2.46 - 0.6}\left(1 + \frac{3.84}{10} + \frac{2700}{10000}\right) \times 2700 \\
&= 84.5\,\text{mm} < 130\,\text{mm} \qquad\qquad\qquad\qquad\qquad \underline{\text{OK}}
\end{aligned}$$

次に、図 6.2 より床スラブの応力を求める。

$\lambda = 2.46$、$\ell_x = 2.7$ m

より、図 6.2 の破線を採用すると、

$$M_{x1} = 0.081 \times w\ell_x^2 = 0.081 \times 7 \times 2.7^2 = 4.13 \Rightarrow 4.2\,\text{kN·m}\,(0.43\,\text{t·m})$$
$$M_{x2} = 0.054 \times w\ell_x^2 = 0.054 \times 7 \times 2.7^2 = 2.76 \Rightarrow 2.8\,\text{kN·m}\,(0.29\,\text{t·m})$$
$$M_{y1} = 0.042 \times w\ell_x^2 = 0.042 \times 7 \times 2.7^2 = 2.14 \Rightarrow 2.2\,\text{kN·m}\,(0.22\,\text{t·m})$$
$$M_{y2} = 0.028 \times w\ell_x^2 = 0.028 \times 7 \times 2.7^2 = 1.43 \Rightarrow 1.5\,\text{kN·m}\,(0.15\,\text{t·m})$$
$$Q_x = 0.51 \times w\ell_x = 0.51 \times 7 \times 2.7 = 9.64 \Rightarrow 9.7\,\text{kN}\,(0.99\,\text{tf})$$
$$Q_y = 0.46 \times w\ell_x = 0.46 \times 7 \times 2.7 = 8.69 \Rightarrow 8.7\,\text{kN}\,(0.89\,\text{tf})$$

となるが、これらの値はスラブの幅 1 m 当たりの応力の大きさを示している。

〈曲げモーメントに対する設計〉

スラブの有効せい d は、下図に示すように X 方向と Y 方向で鉄筋の位置が違うので、方向により変わることとなるが、実用的には、この差を無視して、一律に $d = D - 4\,\text{cm}$ としても支障はないであろう。

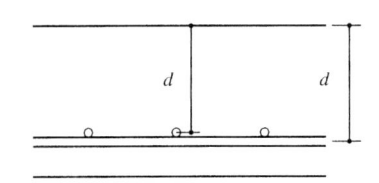

$$d = 13 - 4 = 9\,\text{cm}、\quad j = \frac{7}{8}d = 7.88\,\text{cm}$$

各位置でのスラブ幅 1 m 当たりの必要鉄筋量は、

M_{x1} に対して
$$a_t \geq \frac{M_{x1}}{f_t \cdot j} = \frac{4.2 \times 10^6}{200 \times 78.8} = 266.5\,\text{mm}^2 \fallingdotseq 2.67\,\text{cm}^2$$

M_{x2} に対して
$$a_t \geq \frac{M_{x2}}{f_t \cdot j} = \frac{2.8 \times 10^6}{200 \times 78.8} = 177.7\,\text{mm}^2 \fallingdotseq 1.78\,\text{cm}^2$$

M_{y1} に対して
$$a_t \geq \frac{M_{y1}}{f_t \cdot j} = \frac{2.2 \times 10^6}{200 \times 78.8} = 139.6\,\text{mm}^2 \fallingdotseq 1.40\,\text{cm}^2$$

M_{y2} に対して
$$a_t \geq \frac{M_{y2}}{f_t \cdot j} = \frac{1.5 \times 10^6}{200 \times 78.8} = 95.2\,\text{mm}^2 \fallingdotseq 0.96\,\text{cm}^2$$

> ここで、M_{x1}、M_{y1}はそれぞれ図6.1のM_x、M_yの端部の上側引張の曲げモーメントであり、M_{x2}、M_{y2}は中央部の下側引張の曲げモーメントである。スラブ筋としては、通常、D10またはD13を用いるが、上端筋は施工時に踏まれて変形しやすいので、D13を用いた方がよい。ただし、全てD13とすると必要鉄筋量に比べて多くなりすぎる場合などは、D10とD13を交互に配筋する方法が採られる。
> 　本例でもD10とD13の交互配筋とすると、鉄筋1本当たりの平均断面積は、$a_1 = (0.71 + 1.27)/2 = 0.99\,\text{cm}^2$となる。

M_{x1}に対しては、スラブ幅1m当たり、2.67/0.99 = 2.70本/mを配筋すればよいので、鉄筋間隔(x)は、

$$x = \frac{100\,\text{cm}}{2.70\,\text{本}} = 37.0\,\text{cm}$$

構造制限より短辺方向については、$x \leqq 20\,\text{cm}$であるので、実際の配筋は、

　　⇨ <u>D10、D13交互@200</u>

M_{y1}に対しては、

$$x = \frac{100}{1.40/0.99} = 70.7\,\text{cm}$$

構造制限より長辺方向については、$x \leqq 30\,\text{cm}$であるので、実際の配筋は、

　　⇨ <u>D10、D13交互@300</u>

下端筋については、D10を用いるとすると、$a_1 = 0.71\,\text{cm}^2$より、M_{x2}に対して、

$$x = \frac{100}{1.78/0.71} = 39.8\,\text{cm}$$

　　⇨ 構造制限より　　<u>D10@200</u>

M_{y2}に対して、

$$x = \frac{100}{0.96/0.71} = 73.9\,\text{cm}$$

　　⇨ 構造制限より　　<u>D10@300</u>

〈せん断力に対する検討〉
検討省略

> スラブは幅の広い梁と考えられ、相対的にコンクリート断面積が大きいことなどから、せん断応力度に対しては十分安全な場合が多く、一般的には検討を省略することが多い。
>
> しかし、片持ちスラブや開口のあるスラブ、集中荷重を受けるスラブなどでは、危険な場合もあるので、状況に応じてせん断応力度や付着応力度に対する検討を行う必要がある。また、耐震壁周辺のスラブや開口まわりのスラブの場合は、地震時に大きな面内せん断力が伝わってくる可能性があるので、スラブ厚や配筋量に十分な配慮が必要である。

以上により決定した配筋図を、図 6.5 に示す。

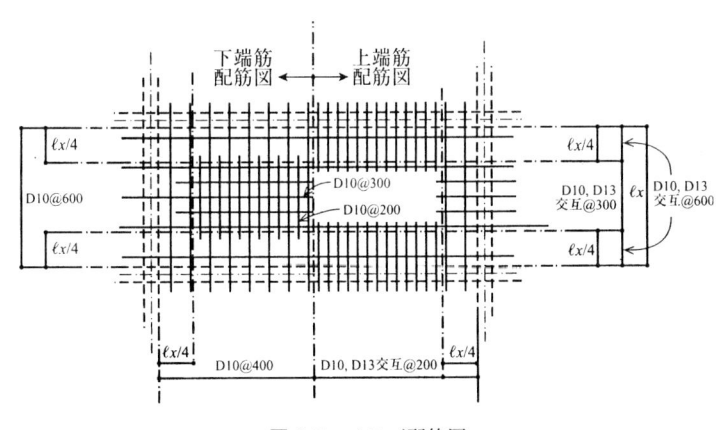

図 6.5　スラブ配筋図

〈温度応力および収縮応力に対する検討〉

> 上の配筋図より、最も不利(全断面積に対する鉄筋比が最も小さい)となるのは、長辺方向の中央部分であり、この部分の鉄筋量は全部で2-D13、9-D10 である。

最も不利な長辺方向中央部での全断面積に対する鉄筋比は、

$$p_y = \frac{2 \times 127 + 9 \times 71}{130 \times 2700} = 0.00254 > 0.2\% \qquad \underline{\text{OK}}$$

6.2 階段の設計

階段の設計は、その支持状況により大きく異なり、様々な方法があるが、図6.6 に示すように、

(1) 階段の 1 段 1 段が、壁から突き出した片持ち梁であるとして設計する方法
(2) 周辺の梁や桁で支持された斜めのスラブとして設計する方法

の 2 通りの方法によるのが一般的である。

(a) 片持梁とした場合　　(b) スラブとした場合

図 6.6　階段の形式

スラブとして設計する場合、スラブの厚さ t としては、図6.7に示すように段形を無視した厚さをとるのが一般的である。

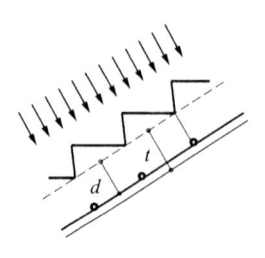

図 6.7

6.2 階段の設計

[例題 6.2]

図 6.8 のような階段を片持ち梁形式で設計する。ただし、コンクリートは F_c = 24 N/mm² (240 kgf/cm²) を、鉄筋は SD 295 を用いる。

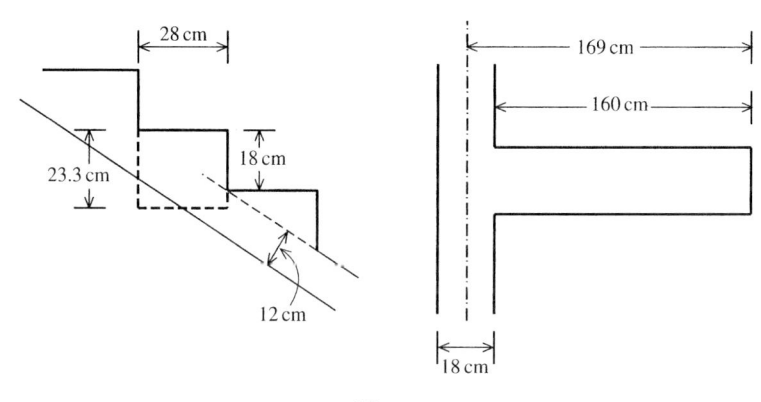

図 6.8

〈段部の設計〉

図 6.8 に示すように、b = 28 cm、D = 23.3 cm の片持ち梁として設計すると、

$$d = D - 5 = 18.3 \text{ cm}, \quad j = \frac{7}{8}d = 16.0 \text{ cm}$$

全荷重 (固定＋積載) を求めると、約 9.6 kN/m² (980 kgf/m²) となるので、階段 1 段当たりの荷重は、

$$w = 9.6 \times 0.28 = 2.7 \text{ kN/m} (0.27 \text{ tf/m})$$

そこで、

$$M = \frac{2.7 \times 1.69^2}{2} = 3.9 \text{ kN·m} \ (0.39 \text{ t·m})$$

$$a_t \geq \frac{M}{f_t \cdot j} = \frac{3.9 \times 10^6}{200 \times 160} = 121.9 \text{ mm}^2 \fallingdotseq 1.22 \text{ cm}^2$$

$\Rightarrow$ 配筋は、<u>1-D13 (1.27 cm²)</u>

〈壁配筋の計算〉

> この形式の階段とした場合、上記の曲げモーメントが、図6.9に示すように壁に対して面外の応力として作用するので、この面外応力に対する壁の補強が必要となる。
>
> 図6.9 壁に作用する曲げモーメント
>
> 図6.9より、壁に作用する曲げモーメントとして、余裕を見込んで(梁の曲げモーメント×3/4)とし、幅1m当たりのモーメントを求める。

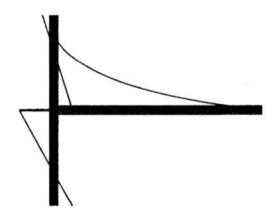

$$M = 3.9 \times \frac{3}{4} \times \frac{100}{28} = 10.4 \text{ kN·m } (1.07 \text{ t·m})$$

壁厚 18 cm なので、

$$d = D - 5 = 18 - 5 = 13 \text{ cm}, \quad j = \frac{7}{8}d = 11.38 \text{ cm}$$

$$a_t \geq \frac{M}{f_t \cdot j} = \frac{10.4 \times 10^6}{200 \times 113.8} = 456.9 \text{ mm}^2 \fallingdotseq 4.57 \text{ cm}^2$$

$$x = \frac{100}{4.57 / 0.71} = 15.5 \text{ cm} \quad \Rightarrow \quad 15 \text{ cm 間隔とする。}$$

$$\Rightarrow \quad \text{配筋は、} \underline{\text{D10 @150}}$$

以上により決定した配筋図を、図6.10に示す。

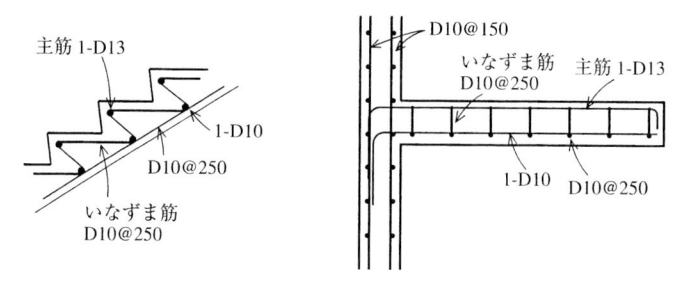

図 6.10 階段配筋図

6.3 耐震壁の設計

耐震壁とは、地震力を負担するために建物内に配置され、周囲の柱・梁と一体に作られた鉄筋コンクリートの壁をいう。耐震壁は、柱・梁で構成されたラーメンに比べてかなり剛性が高いので、建物が受ける地震力の内、かなりの部分を壁の面内せん断力として負担することとなる。しかし、この耐震壁は、周辺の柱・梁(周辺フレームという)によりしっかり拘束されていない場合や、壁に開口がある場合などには、その剛性、耐力が低下することが知られている。

そこで、耐震壁の設計においては、以下の三つの点についての検討が必要となる。

(1) 壁板のせん断補強
(2) 開口部の補強
(3) 周辺フレームの拘束効果の確保

6.3.1 壁板のせん断補強

(1) 耐震壁の許容せん断力

耐震壁の許容せん断力としては、以下の二つの内、大きい方をとることができる。

$$Q_1 = r\, t\, \ell\, f_s \tag{6.4}$$

$$Q_2 = r(Q_w + \Sigma\, Q_c) \tag{6.5}$$

ここで、

$Q_w = p_s\, t\, \ell'\, f_t$
$\Sigma\, Q_c$：両側の柱の許容せん断力の合計
　f_s：コンクリートの短期許容せん断応力度
　p_s：壁補強筋の鉄筋比
　f_t：壁補強筋の短期許容引張応力度
　r：開口による低減率

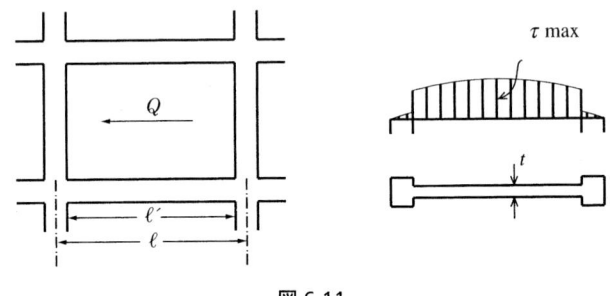

図 6.11

ここで、式(6.4)の短期許容せん断応力度f_sはコンクリートのせん断ひびわれ応力度であるので、いま設計せん断力がQ_1以下であれば、壁板にはせん断ひびわれが発生しないと考えてよく、せん断力はコンクリートのみで負担できるので、最低限の補強(構造制限)でよいこととなる。

次に、設計せん断力がQ_1を超えた場合を考えたのが式(6.5)である。この場合には、既に壁板全体にせん断ひびわれが発生しているものとしてコンクリートの分を無視し、壁筋が負担できるせん断力と両側の柱の負担分を合わせたものを許容せん断力としている。

そこで、設計の手順としては、先ずQ_1でチェックをし、OKであれば構造制限により、最低限の壁筋を配筋する。次にNGの場合には、Q_2でチェックすることになるが、この場合は、設計せん断力から両側の柱の負担分を除いた残りのせん断力を壁補強筋で負担できるように壁筋の量を決めればよい。

すなわち、

$$r\, Q_w = r\, p_s\, t\, \ell'\, f_t \geq \Delta Q \tag{6.6}$$

ここで、

$$\Delta Q = Q_D - r\, \Sigma\, Q_c$$

6.3 耐震壁の設計

したがって、

$$p_s \geqq \frac{\Delta Q}{r t \ell' f_t} \tag{6.7}$$

ここで、壁補強筋の鉄筋比 p_s は、図 6.12 に示すように鉄筋 1 本（ダブル配筋の場合は2本）当たりのコンクリート断面積に対する比率である。また、壁補強筋の配筋は、図に示すように鉛直（縦）方向と水平（横）方向の直交配筋とし、縦筋、横筋の配筋間隔は同一とするのが一般的である。

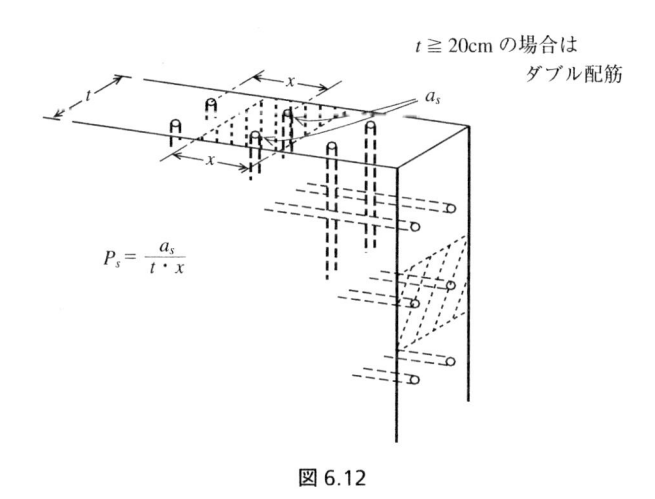

図 6.12

(2) 開口による低減率

壁に開口がある場合は、壁の剛性、耐力は低下する。開口がかなり大きい（等価開口周比：$\sqrt{h_0 \ell_0 / h \ell} > 0.4$）場合は、もはや壁としての効果はないとして、剛域を考慮したラーメンと考えることになるが、開口が比較的小さい場合（等価開口周比：$\sqrt{h_0 \ell_0 / h \ell} \leqq 0.4$）は開口による低減をした上で、無開口の壁と同じ扱いをすることとなる。

その場合の低減率としては、既往の研究結果 [17] を基に、以下に示す r_1, r_2 の小さい方をとる方法が一般に用いられている。

$$r_1 = 1 - \frac{\ell_0}{\ell} \tag{6.8}$$

$$r_2 = 1 - \sqrt{\frac{h_0 \ell_0}{h \ell}} \tag{6.9}$$

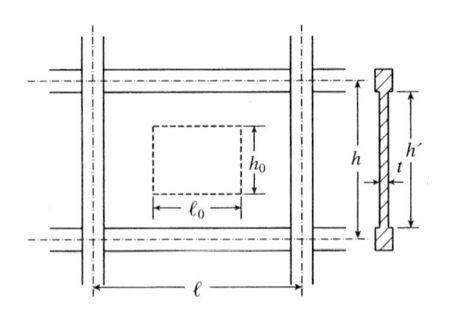

図 6.13 開口のある壁

(3) 耐震壁の設計せん断力

前述のように、耐震壁はかなりの地震力を負担するので、もしこれが破壊した場合、建物に及ぼす影響は深刻なものとなる。そこで、柱や梁と同様、この場合も安全率を考えて、設計せん断力を以下のように決めている。

$$Q_D = n(Q_w + \Sigma Q_c) \tag{6.10}$$

ここで、Q_w：応力計算により求めた壁のせん断力
ΣQ_c：応力計算により求めた両側の柱のせん断力の合計

nは1〜2の値をとる安全率で、壁が多くせん断破壊が起こりそうもない場合(設計ルート[1])は1とし、壁が比較的少ない場合(設計ルート[2])は2とする。(設計ルートについては、文献[2]を参照)

6.3.2 開口部の補強

開口ぐう角部には斜張力による応力集中が起こり、ひびわれが発生しやすい。また、開口部周辺には縁応力が発生する。そこで、これらの応力に対する補強が必要となる。

斜張力については、本来開口部に壁があった場合その壁が負担している斜張力が、開口ぐう角部に集中すると考えると、$\sigma_d = \tau = Q/t\ell$ であるので、図6.14(a)に示すように、

$$T_d = \sigma_d \, dt = \frac{Qd}{\ell} = \frac{(h_0 + \ell_0)Q}{2\sqrt{2}\,\ell} \tag{6.11}$$

6.3 耐震壁の設計

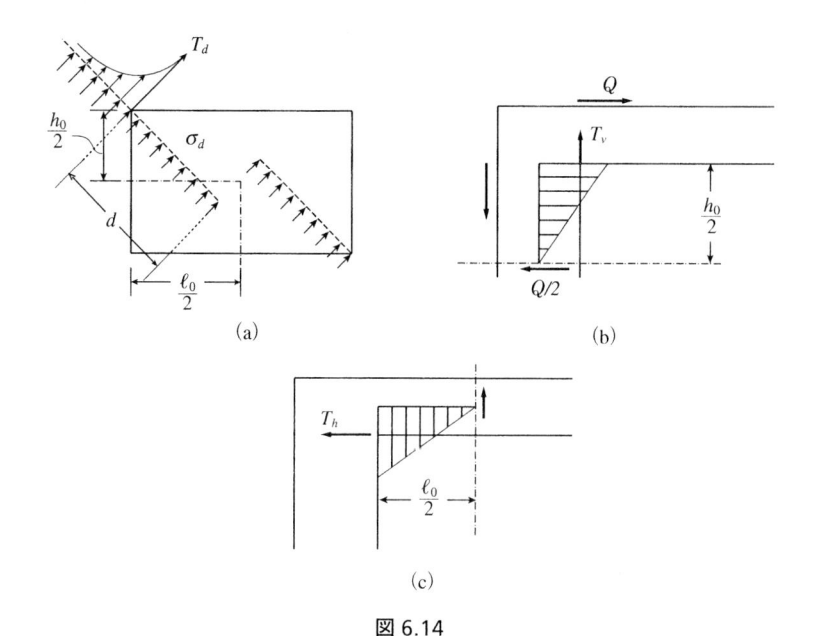

図 6.14

縁応力については、図 6.14 (b) に示すように、開口両側の壁が各々 $Q/2$ のせん断力を負担しているとし、反曲点を開口高さの中央とすると、片側の壁の開口頂部での曲げモーメントは、

$$M = \frac{Q}{2} \cdot \frac{h_0}{2} \tag{6.12}$$

このモーメントを壁の両側の縁応力が偶力として負担すると考えると、

$$M = T_v \cdot \frac{\ell - \ell_0}{2} \tag{6.13}$$

となるので、式 (6.13) に式 (6.12) を代入して、

$$T_v = \frac{Qh_0}{2(\ell - \ell_0)} \tag{6.14}$$

図 6.14 (c) に示す水平方向の縁応力 T_h も、T_v と同様の考え方で求めると、

$$T_h = \frac{\ell_0}{2(h - h_0)} \cdot \frac{h}{\ell} Q \tag{6.15}$$

そこで、配筋としては、縦、横、斜めの各方向に対して、以下の鉄筋量を満足すればよい。

(斜め)　　$a_t \geqq \dfrac{T_d}{f_t}$

(縦)　　　$a_t \geqq \dfrac{T_v}{f_t}$ 　　　　　　　　　　　　　　(6.16)

(横)　　　$a_t \geqq \dfrac{T_h}{f_t}$

6.3.3　周辺フレームの拘束効果の確保

　耐震壁に大きな力が作用して、ひびわれが発生すると、壁面の面積はひびわれが開いた分だけ増加することとなる。すなわち、ひびわれの発生に伴い、壁は周辺部を外側へ押し拡げるように動く。この外への動きが自由にできるとなると、壁はその剛性、耐力を保持できない。そこで、耐震壁がひびわれ発生後もその剛性、耐力を保つためには、周辺フレームがこの壁の拡がりを拘束することが必要となる。この壁の外への動きは、特に梁に対する引張力として作用するので、学会規準[1]では、次項の構造制限の(6)に示すように、梁の主筋量の最低値を規定している。

　また、周辺フレームの断面が相対的に小さいと、壁板より先に周辺フレームの端部にせん断ひびわれが生じ、それによって壁のせん断耐力が支配される場合があるので、学会規準[1]では、周辺フレームの断面寸法について次表のような値を推奨している。

表6.3　付帯ラーメンの断面形状に関する推奨条件
(出典：日本建築学会編『鉄筋コンクリート構造計算基準・同解説―許容応力度設計法―』日本建築学会、1999年)

柱および梁の断面積	$st/2$ 以上
柱および梁の最小径	$\sqrt{st}/3$ 以上、かつ $2t$ 以上

(s：壁板 $h' \times \ell'$ の短辺の長さ、t：壁板の厚さ)

　また、柱および梁の断面積($st/2$以上)か、柱および梁の最小径($2t$以上)のいずれかを満足していない場合は、壁板より先に付帯ラーメンにせん断ひびわれが生じる場合があると言われている。

6.3.4 耐震壁の構造制限

学会規準 [1] では、耐震壁の最低限の安全性を確保するため、以下のような構造制限を示している。

(1) 壁板の厚さは 120 mm 以上、かつ壁の内法高さの 1/30 以上とする。
(2) 壁筋比は、直交する各方向に関して、それぞれ 0.25 % 以上とする。
(3) 壁厚が 200 mm 以上の場合は、複筋配置（ダブル配筋）とする。
(4) 壁筋は、D10 以上の異形鉄筋、あるいは 6 mm 以上の線径の溶接金網を用い、間隔は 300 mm 以下（千鳥配筋の場合は片面の間隔が 450 mm 以下）とする。
(5) 開口周囲の補強筋は、D13 以上、かつ壁筋と同径以上の異形鉄筋とする。
(6) 壁板周囲の梁については、コンクリート全断面積に対する主筋全断面積の割合を 0.8 % 以上とする。また、付帯ラーメンのせん断補強は、前章で示した規定に従う。
(7) 壁に開口がある場合、壁板周囲の柱・梁の設計にあたっては、適当な靭性が確保できるよう、特に配慮する。

[例題 6.3]
図 6.15 の開口付耐震壁について設計し、壁板のせん断補強と開口補強を行う。ただし、両側の柱の分を含めた壁の設計せん断力は、$Q_D = 915$ kN (93.3 tf) とし、

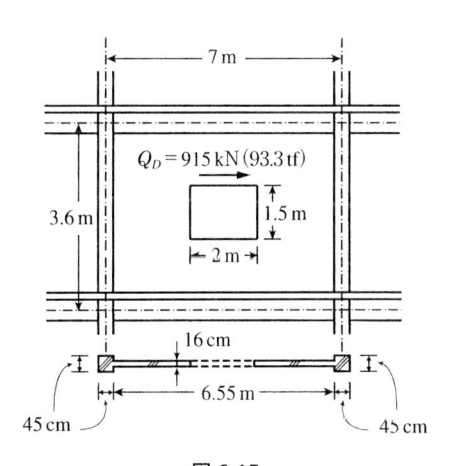

図 6.15

両側柱の許容せん断力は、各々 240 kN (24.5 tf) とする。また、コンクリートは $F_c = 24\,\text{N/mm}^2 (240\,\text{kgf/cm}^2)$ を、鉄筋は SD 295 を用いる。

〈壁板のせん断補強〉
開口による低減率は、

$$r_1 = 1 - \frac{\ell_0}{\ell} = 1 - \frac{2000}{7000} = 0.71$$

$$r_2 = 1 - \sqrt{\frac{h_0\,\ell_0}{h\ell}} = 1 - \sqrt{\frac{1500 \times 2000}{3600 \times 7000}} = 0.65$$

以上より、

$$r = \min.(r_1, r_2) = 0.65$$

壁の許容せん断力は、

$$Q_1 = r\,t\,\ell\,f_s = 0.65 \times 160 \times 7000 \times 1.11 = 808080\,\text{N}$$
$$\fallingdotseq 808.1\,\text{kN} < Q_D = 915\,\text{kN} \quad \underline{\text{NG}}$$
$$(82.4\,\text{tf}) \qquad (93.3\,\text{tf})$$

$$\Delta Q = Q_D - r\Sigma Q_c = 915 - 0.65 \times (240 + 240) = 603\,\text{kN}$$
$$(61.5\,\text{tf})$$

$$p_s \geq \frac{\Delta Q}{r t\,\ell'\,f_t} = \frac{603 \times 10^3}{0.65 \times 160 \times 6550 \times 295} = 0.0030 = 0.30\,\%$$

D13 のシングル配筋とすると、配筋間隔は

$$x = \frac{a_t}{p_s\,t} = \frac{1.27}{0.003 \times 16} = 26.4\,\text{cm}$$

⇨ 25 cm 間隔とする。
⇨ 配筋は、D13 @250

〈開口部の補強〉
斜張力に対して、

$$T_d = \frac{(h_0 + \ell_0)\,Q}{2\sqrt{2}\,\ell} = \frac{(1500 + 2000) \times 915}{2\sqrt{2} \times 7000} = 161.8\,\text{kN}\ (16.5\,\text{tf})$$

$$a_t \geq \frac{T_d}{f_t} = \frac{161.8 \times 10^3}{295} = 548.5\,\text{mm}^2 \fallingdotseq 5.49\,\text{cm}^2$$

⇨ 配筋は、<u>3-D16</u> (5.97 cm²)

鉛直方向縁応力に対して、

6.3 耐震壁の設計

$$T_v = \frac{Qh_0}{2(\ell - \ell_0)} = \frac{915 \times 1500}{2 \times (7000 - 2000)} = 137.3 \text{ kN }(14.0 \text{ tf})$$

$$a_t \geqq \frac{T_v}{f_t} = \frac{137.3 \times 10^3}{295} = 465.4 \text{ mm}^2 \fallingdotseq 4.65 \text{ cm}^2$$

$\Rightarrow$ 配筋は、3-D16 (5.97 cm^2)

水平方向縁応力に対して、

$$T_h = \frac{\ell_0}{2(h - h_0)} \cdot \frac{h}{\ell} Q = \frac{2000}{2 \times (3600 - 1500)} \cdot \frac{3600}{7000} \cdot 915 = 224.1 \text{ kN }(22.8 \text{ tf})$$

$$a_t \geqq \frac{T_h}{f_t} = \frac{224.1 \times 10^3}{295} = 759.7 \text{ mm}^2 \fallingdotseq 7.60 \text{ cm}^2$$

$\Rightarrow$ 配筋は、4-D16 (7.96 cm^2)

以上により決定した配筋図を、図 6.16 に示す。

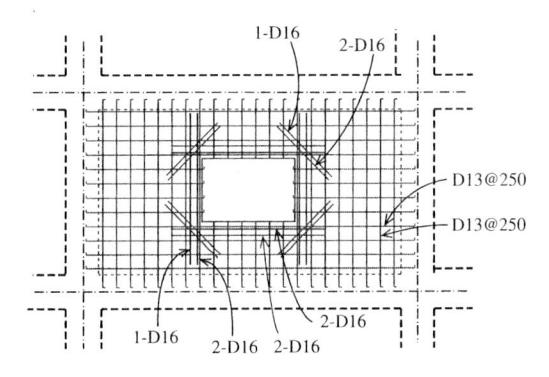

図 6.16 壁配筋図

演習問題

[問題 6.1]

図6.17の床スラブについて、スラブ厚をチェックし、曲げモーメントによる配筋を決めなさい。ただし、コンクリートは $F_c = 21\,\text{N/mm}^2(210\,\text{kgf/cm}^2)$ を、鉄筋は SD295 を用いるものとする。

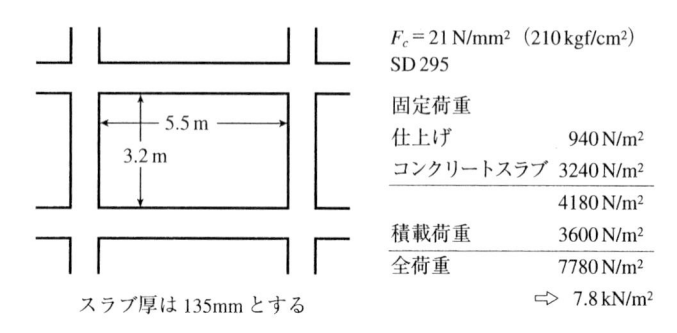

```
                    F_c = 21 N/mm²（210 kgf/cm²）
                    SD 295

       5.5 m        固定荷重
  3.2 m             仕上げ              940 N/m²
                    コンクリートスラブ  3240 N/m²
                                        4180 N/m²
                    積載荷重             3600 N/m²
                    全荷重               7780 N/m²
                                    ⇒  7.8 kN/m²

  スラブ厚は 135mm とする
```

図 6.17

[問題 6.2]

図6.18の耐震壁について、壁板のせん断補強と開口部の補強を行いなさい。ただし、コンクリートは $F_c = 21\,\text{N/mm}^2(210\,\text{kgf/cm}^2)$ を、鉄筋は D10, SD295 を用いるものとする。また、両側の柱の許容せん断力は、各々 220 kN (22.4 tf) とする。

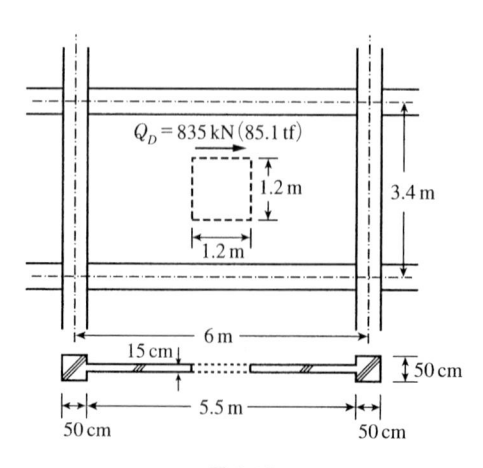

```
                Q_D = 835 kN (85.1 tf)
                         ┌─────┐
                         │ 1.2 m│      3.4 m
                         └─────┘
                           1.2 m
                    6 m
              15 cm
         ┌──┐    ↓
         │  │──────────────│  │  ↑ 50 cm
         └──┘              └──┘  ↓
         50 cm    5.5 m    50 cm
```

図 6.18

第 7 章
基礎の設計

基礎の形式は、荷重の支持の方式により、

- 直接基礎（地耐力が十分ある場合で、荷重を直接地盤で支持する）
- くい基礎（地耐力が不足の場合で、くいにより荷重を支持する）

に大別される。

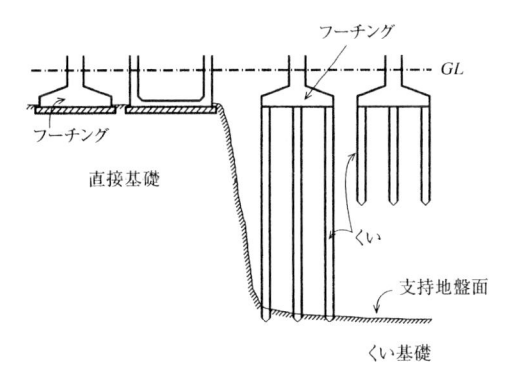

図 7.1 基礎の形式

また、基礎の形状から、

- 独立基礎（柱からの荷重をフーチングと呼ぶ独立した基礎スラブで支持する）
- 布基礎　（柱からの荷重を連続した線状のフーチングで支持する）

- べた基礎(建物の底面全体を 1 枚のスラブとし、底面全体で荷重を支持する)

に分けることができる。

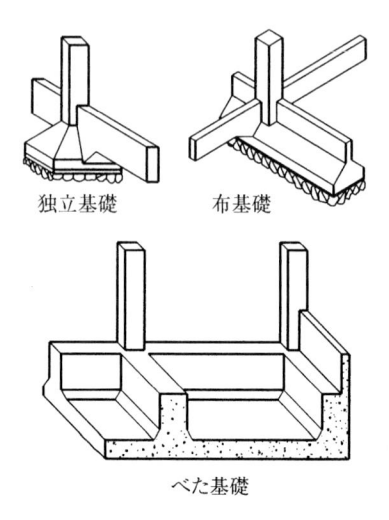

図 7.2　基礎の形状

　実際の基礎は、地盤の条件と建物の重量や形状の関係により、これらを組み合わせたさまざまな形式で設計されている。ここでは、最も基本的な形式である直接基礎の独立基礎について詳述する。

　直接独立基礎の設計は、以下の二つの内容から成る。

（1）基礎底面形の算定
（2）基礎スラブの設計

7.1　基礎底面形の算定

　基礎の設計においては、まず最初に、柱から伝わる力を地盤の地耐力で支えるために、どの程度の底面積が必要かを求め、基礎の大きさと形を決めなければならない。

7.1 基礎底面形の算定

柱から伝わる力 N が基礎底面で地盤を押す場合の応力度の分布は、図7.3に示すように柱の応力分布(図4.1参照)と同じと考えられるので、最大応力度 σ_{max} は、式(4.4)より、

$$\sigma_{max} = \frac{Nx_n}{S_n} \tag{7.1}$$

しかし、柱の場合と同様、x_n、S_n などを求めるのは簡単ではないので、式(7.1)を次のように平均応力度(N/A)に倍率(α)を掛けた形で表し、この α を簡単に求められる図表(図7.4)が用意されている。

$$\sigma_{max} = \alpha \frac{N}{A} \tag{7.2}$$

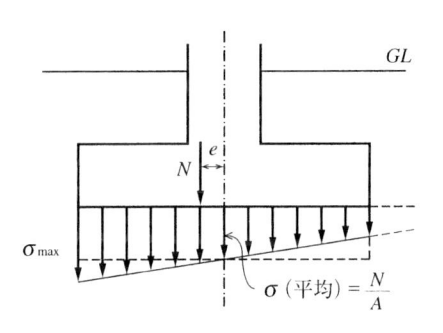

図 7.3

この σ_{max} が許容地耐力度(f_e)を超えないように底面積(A)を決めればよいので、

$$\alpha \left(\frac{N}{A} \right) \leq f_e \cdot A \geq \alpha \frac{N}{f_e} \tag{7.3}$$

N が偏心していない場合は、$\alpha = 1$ なので

$$A \geq \frac{N}{f_e} \tag{7.4}$$

ここで、N は図7.5に示すように、柱からの直圧力 N' に基礎土重量(図のハッチ部分の基礎本体とその上の土の重量 W')を加えたものである。

ここで、W' をどう評価するかが問題となる。形状、大きさが決まっていれば W' は容易に求まるが、底面積 A が未定だとすると、これを厳密に求めるのは難しい。そこで、ごく大まかに基礎の鉄筋コンクリートとその上の土の平均単位

図 7.4　α、α' の算定図

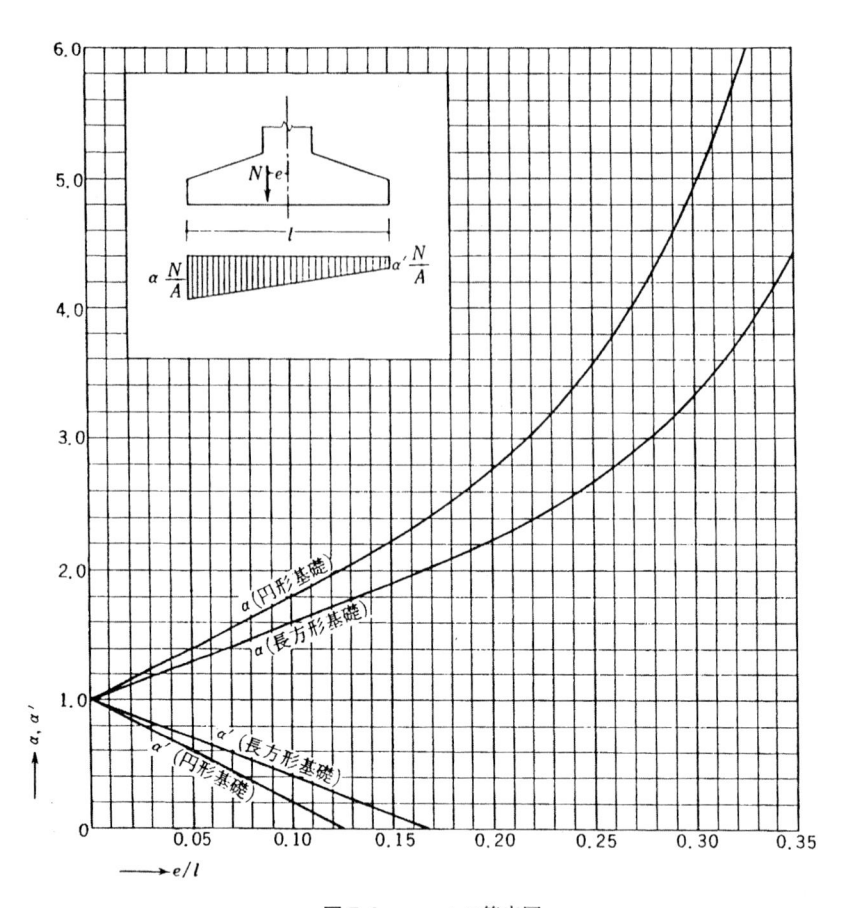

(出典：日本建築学会編『鉄筋コンクリート構造計算基準・同解説―許容応力度設計法―』日本建築学会、1999 年)

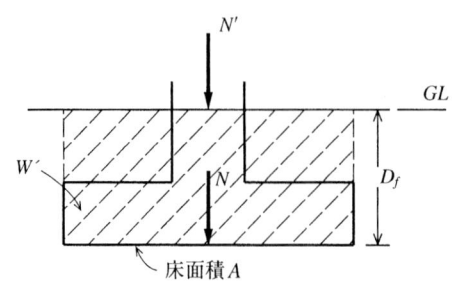

図 7.5

重量を $20\,\text{kN/m}^3(2\,\text{tf/m}^3)$ 程度と仮定すると、

$$W' = 20 \times AD_f \tag{7.5}$$

となり、

$$N = N' + W' = N' + 20 \times AD_f \tag{7.6}$$

式(7.6)を式(7.3)に代入すると、

$$A \geqq \alpha \frac{N' + 20 \times AD_f}{f_e} \tag{7.7}$$

故に、

$$A f_e \geqq \alpha N' + 20 \times \alpha AD_f$$
$$A f_e - 20 \times \alpha AD_f \geqq \alpha N'$$
$$A(f_e - 20 \times \alpha D_f) \geqq \alpha N'$$

となり、最終的に、

$$A \geqq \frac{\alpha N'}{f_e - 20 \times \alpha D_f} \tag{7.8}$$

ここで、f_e：許容地耐力度(単位：kN/m^2)

鉄筋コンクリート造の建物では、剛な基礎梁が付いているのが一般的であり、この場合は、柱からの曲げモーメントは全てこの基礎梁が負担し、基礎には軸力のみが伝わると考えて設計することが多い。この場合、Nは偏心しないので、$\alpha = 1$ となり、式(7.8)は、

$$A \geqq \frac{N'}{f_e - 20 \times D_f} \tag{7.9}$$

そこで、式(7.8)あるいは(7.9)を満足するように基礎の底面積を決めることとなる。

7.2 基礎スラブの設計

7.2.1 スラブの断面算定

基礎スラブは、図7.6に示すように、柱面を固定端とする片持ち梁と考えることができる。そこで、図7.3で示した、基礎底面が地盤を押す力に対する地盤か

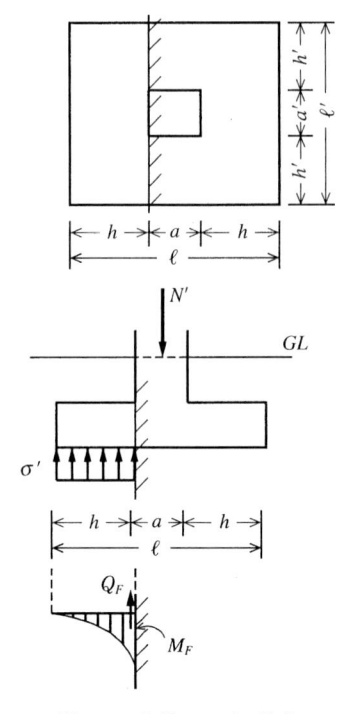

図 7.6　基礎スラブの算定

らの反力が、この片持ち梁に外力として作用することとなる。

　前に述べたように、柱からの曲げモーメントは基礎梁が負担し、基礎には軸力のみが偏心なしで伝わる($\alpha=1$)と考えるのが一般的であるので、以下、軸力の偏心がない場合について述べる。

　基礎土重量はそのまま地盤反力と相殺されると考えると、基礎スラブに対する外力としては、図7.6に示すように柱直圧力 N' によるもののみを考えればよく、偏心がないとすると、大きさ σ' の等分布荷重を受ける片持ち梁となる。

$$\sigma' = \frac{N'}{A} \tag{7.10}$$

そこで、梁に生じる最大せん断力 Q_F と最大曲げモーメント M_F は、

$$Q_F = \Sigma \sigma' = h\, \ell'\, \sigma' \tag{7.11}$$
$$(\text{or } h'\ell\sigma')$$

7.2 基礎スラブの設計

$$M_F = (\Sigma \sigma') \frac{h}{2} = Q_F \frac{h}{2} \quad (\text{or } Q_F \frac{h'}{2}) \tag{7.12}$$

幅広の梁なので、曲げモーメントに対する断面算定は、下に示すつりあい鉄筋比以下の場合の略算式によることができる。また、せん断力に対しても、相対的にコンクリートの断面積が大きく、せん断力そのもので決まることは少ないので、検討を省略し、式(7.14)に示す付着長さ(ℓ_d)の検討のみで済ますことが多い。付着長さの検討については第8章で詳述するが、基礎スラブの場合、図のように柱面から先端のフック開始点までを ℓ_d としてよい。

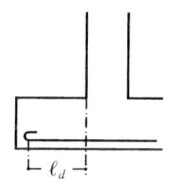

$$a_t \geq \frac{M_F}{f_t j} \tag{7.13}$$

$$\ell_d \geq \ell_{db} + d \tag{7.14}$$

ここで、ℓ_{db}：必要付着長さ(第8章参照)、d：基礎スラブ有効せい。

ただし、基礎スラブにおいては、前でも述べたように、一般にせん断力に対しては十分な余裕があり、せん断ひびわれの可能性は少ないので、式(7.14)の d は無視してもよい。

以上より、式(7.13)、(7.14)を満足するように配筋を行えばよい。

7.2.2 パンチングシアーに対する検討

前項では、基礎スラブを柱で固定された片持ち梁と考えて検討したが、見方を変えると、地盤で支持された平板に、柱からの直圧力 N' が集中荷重として作用していると見ることもできる。そこで、この集中荷重により板が打ち抜かれ(パンチングシアー)ないかどうかを検討する必要がある。

いま、パンチングにより、図7.7に示すような領域(底面積 A_0、周長 b_0)で板が打ち抜かれると考え、この A_0 部分の地盤反力を無視すると、A_0 以外の部分の

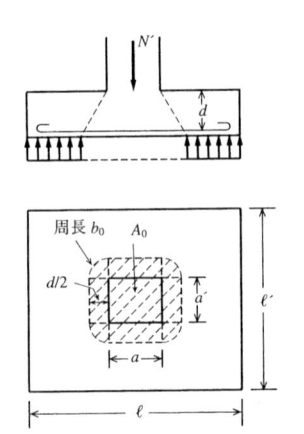

図 7.7 パンチングシアーの検討

地盤反力の合計が、パンチングによる破壊面にせん断力として作用することとなるので、このせん断力に対する検討を行えばよい。

そこで、設計せん断力 Q_{PD} は、基礎底面の地盤反力から A_0 部分の地盤反力を差し引いて、

$$Q_{PD} = \frac{N'(\ell\ell' - A_0)}{\ell\ell'} \tag{7.15}$$

許容せん断力 Q_{PA} は、

$$Q_{PA} = \alpha\, b_0\, j\, f_s \tag{7.16}$$
$$\alpha = 1.5\,(実験結果より)$$

ここで、

$$A_0 = (a + d)(a' + d) - d^2\left(1 - \frac{\pi}{4}\right)$$
$$b_0 = 2(a + a') + \pi d$$

以上より、$Q_{PA} \geq Q_{PD}$ をチェックし、不足の場合はスラブ厚 D を増すこととなる。

7.2.3 基礎スラブの配筋

基礎スラブの必要鉄筋量は、7.2.1項の式(7.13)により求めた。この鉄筋量は、固定端の最大応力度に対して求めたものであり、スラブ先端部では応力度が小

7.2 基礎スラブの設計

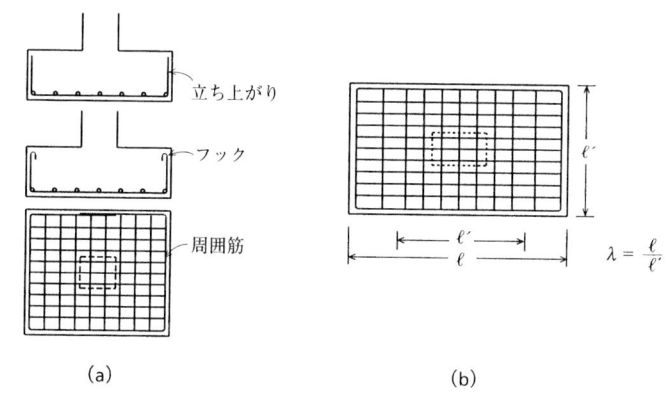

(a) 立ち上がり / フック / 周囲筋

(b) $\lambda = \dfrac{\ell}{\ell'}$

図7.8

さいので鉄筋量も少なくてよいことになる。しかし、一般には定着長さ等も考えて、安全のため、図7.8に示すように、スラブ先端まで鉄筋を延長し、立ち上げ部を設けたり、さらにフックを付けたりして定着を完全なものとすることが多い。また、外周の鉄筋を閉鎖形とすることも有効である。

基礎スラブが、図7.8(b)に示すような長方形の場合、短辺方向の鉄筋は、その効きを考えて中央部を密に配筋する。配筋方法は、下式により求まる量を長辺中央の短辺長さ相当部分(ℓ'の範囲内)に配筋し、残りをその外側に配筋するというものである。

$$a_e = \frac{2\,a_t}{\lambda + 1} \tag{7.17}$$

ここで、a_e：短辺長さ相当幅に入れる鉄筋量

a_t：短辺方向の全鉄筋量

λ = 長辺長さ / 短辺長さ

[例題 7.1]

図7.9に示す基礎の設計を行う。ただし、この基礎は長期で決まるものとし、柱直圧力 $N' = 550\,\text{kN}\,(56.1\,\text{tf})$（偏心なし）、許容地耐力 $f_e = 147\,\text{kN/m}^2\,(15\,\text{tf/m}^2)$ とする。また、コンクリートは $F_c = 21\,\text{N/mm}^2\,(210\,\text{kgf/cm}^2)$、鉄筋は SD 295 を用いるものとする。

図 7.9

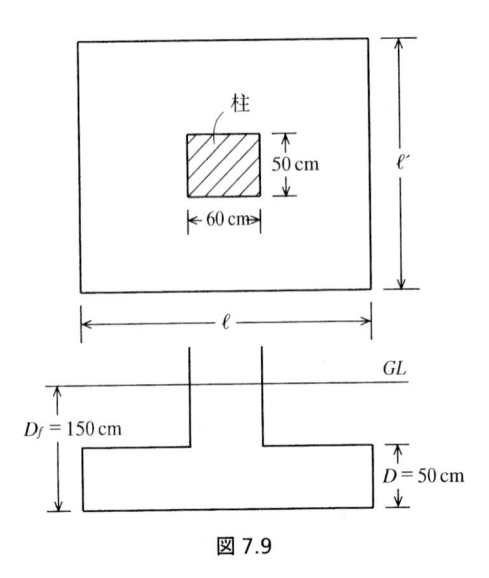

かぶり厚さ7cmとし、D13直交配筋とすると、コンクリート表面から上側の鉄筋の芯までは、7 + 1.3 + 1.3/2 = 8.95 ≒ 9cm となる。

$d = D - 9 = 41\,\text{cm}$、$j = \dfrac{7}{8}d = 35.8\,\text{cm}$

〈基礎底面形の算定〉

N の偏心はないので、式(7.9)より、

$$A \geq \dfrac{N'}{f_e - 20 \times D_f} = \dfrac{550}{147 - 20 \times 1.5} = 4.70\,\text{m}^2$$

そこで、図 7.10 に示すように $\ell = 2.4\,\text{m}$、$\ell' = 2\,\text{m}$ とすると

$A = 2.4 \times 2 = 4.8\,\text{m}^2 > 4.70\,\text{m}^2$ <u>OK</u>

7.2 基礎スラブの設計

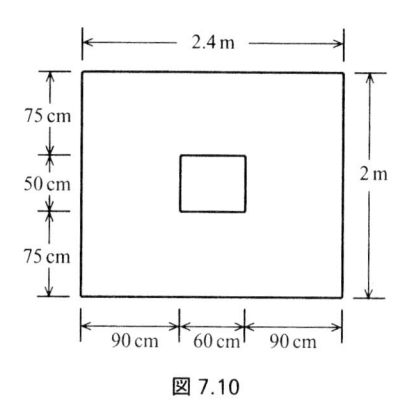

図 7.10

〈基礎スラブの設計〉
(1) スラブの断面算定

$$\sigma' = \frac{N'}{A} = \frac{550}{4.8} = 115\,\text{kN/m}^2\,(11.7\,\text{tf/m}^2)$$

(長辺方向)

$$Q_F = h\ell'\sigma' = 0.9 \times 2 \times 115 = 207\,\text{kN}\,(21.1\,\text{tf})$$

$$M_F = Q_F \cdot \frac{h}{2} = 93.2\,\text{kN}\cdot\text{m}\,(9.5\,\text{t}\cdot\text{m})$$

$$a_t \geqq \frac{M_F}{f_t j} = \frac{93.2 \times 10^6}{200 \times 358} = 1302\,\text{mm}^2 = 13.02\,\text{cm}^2$$

以上より、長辺方向の配筋は、<u>11-D13</u>($a_t = 13.97\,\text{cm}^2$)

付着長さ(第 8 章参照)は、

$$\ell_{db} = \frac{\sigma_t A_s}{K f_b \psi} = \frac{200 \times 2/3 \times 127}{2.5 \times 0.95 \times 40} = 178.2\,\text{mm}$$

$$< \ell_d = 900 - 70 - 3.5 \times 13 = 791\,\text{mm} \qquad \underline{\text{OK}}$$

> 基礎スラブは、かぶり厚さ、鉄筋間隔とも大きく、割裂のおそれは少ないので、$K = 2.5$ としてよい。

(短辺方向)

$$Q_F = h'\ell\sigma' = 0.75 \times 2.4 \times 115 = 207\,\text{kN}\,(21.1\,\text{tf})$$

$$M_F = Q_F \frac{h'}{2} = 77.6\,\text{kN}\cdot\text{m}\,(7.9\,\text{t}\cdot\text{m})$$

$$a_t \geq \frac{M_F}{f_t j} = \frac{77.6 \times 10^6}{200 \times 358} = 1083.3\,\text{mm}^2 = 10.84\,\text{cm}^2$$

以上より、必要鉄筋量としては、9-D13(a_t=11.43 cm²)となるが、式(7.17)より、

$$a_e = \frac{2a_t}{\lambda + 1} = \frac{2 \times 11.1}{1.2 + 1} = 10.1\,\text{cm}^2$$

ここで、

$$\lambda = \frac{\text{長辺長さ}}{\text{短辺長さ}} = \frac{2.4}{2} = 1.2$$

そこで、図7.11に示すように、長辺中央部2 mの範囲に8-D13 (10.16 cm²)を配筋し、その外側に1本づつとして、計10-D13の配筋とする。

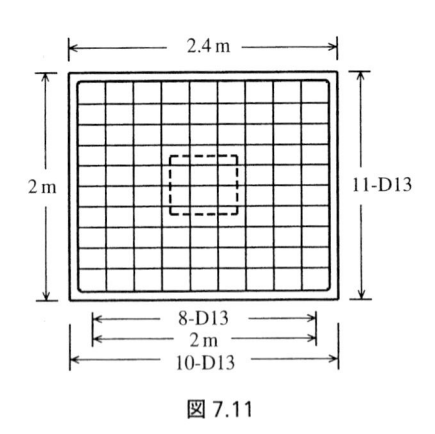

図 7.11

付着長さは、

$$\ell_{db} = \frac{\sigma_t A_s}{K f_b \psi} = \frac{200 \times 2/3 \times 127}{2.5 \times 0.95 \times 40} = 178.2\,\text{mm}$$

$$< \ell_d = 750 - 70 - 3 \times 13 = 641\,\text{mm} \quad \text{OK}$$

(2) パンチングシアーの検討

図7.10より、

7.2 基礎スラブの設計

$$A_0 = (a+d)(a'+d) - d^2\left(1 - \frac{\pi}{4}\right)$$
$$= (60+41)(50+41) - 41^2\left(1 - \frac{\pi}{4}\right) = 8830 \text{ cm}^2$$
$$b_0 = 2(a+a') + \pi d = 2(60+50) + \pi \times 41 = 348.8 \text{ cm}$$

そこで、設計せん断力 Q_{PD} は、式(7.15)より、

$$Q_{PD} = \frac{N'(\ell\ell' - A_0)}{\ell\ell'}$$
$$= \frac{550 \times (240 \times 200 - 8830)}{240 \times 200} = 449 \text{ kN} (45.8 \text{ tf})$$

許容せん断力 Q_{PA} は、式(7.16)より、

$$Q_{PA} = \alpha b_0 j f_s = 1.5 \times 3488 \times 358 \times 0.7 = 1311139 \text{ N}$$
$$\fallingdotseq 1311 \text{ kN} > Q_{PD} = 449 \text{ kN} \quad \underline{\text{OK}}$$
$$(133.7 \text{ tf}) \quad (45.8 \text{ tf})$$

演習問題

[**問題** 7.1]

図7.12に示す正方形のスラブを持つ基礎を設計しなさい。ただし、この基礎は長期で決まるものとし、柱直圧力 $N' = 510\,\text{kN}\,(52\,\text{tf})$（偏心なし）、許容地耐力 $f_e = 147\,\text{kN/m}^2\,(15\,\text{tf/m}^2)$ とする。また、コンクリートは $F_c = 21\,\text{N/mm}^2\,(210\,\text{kgf/cm}^2)$、鉄筋は SD 295 を用いるものとする。

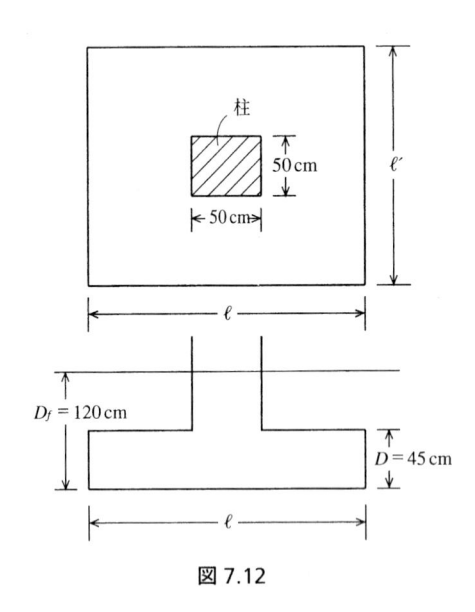

図 7.12

第8章
付着・定着

8.1 付着

8.1.1 必要付着長さと許容付着応力度

　鉄筋とコンクリートの付着に関しては、従来、図8.1に示すように曲げモーメントの変化に応じて発生した引張力により、鉄筋とコンクリートの付着がはがれるという考え方により、最大応力を受ける断面で必要な鉄筋量(鉄筋周長)を求めるという方法で検討されてきた。

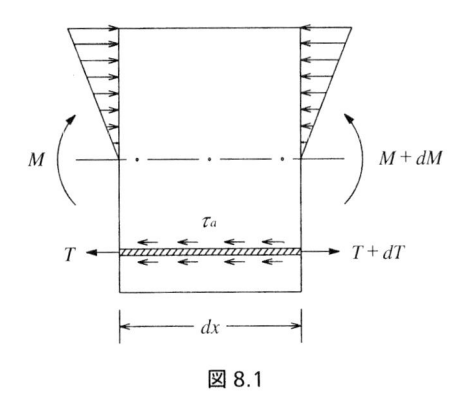

図 8.1

　しかし、その後の研究により、局部的に一部分の付着が失われても、部材としての曲げ、せん断耐力は必ずしも損なわれないことや、高荷重下では、鉄筋の応力分布が必ずしも曲げモーメント分布に一致するとは限らないことなどが明らかとなってきたことから、従来の検定方法の不備が指摘されることとなった。

そこで、新しい学会規準[1]では、下に示すように所要の付着長さを有する鉄筋の平均付着応力度が許容値以下であることを確かめる、すなわち、逆にいうと、平均付着応力度が許容値以下となるのに必要な付着長さを求めるという方法を採用している。

$$\ell_d \geqq \ell_{db} + d \tag{8.1}$$

ここで、

- ℓ_d : 付着長さ＝付着検定断面から鉄筋端またはフック開始点までの長さ（付着検定断面とは、「①最大曲げモーメントとなる断面」、「②スパン内で鉄筋を減らす（カットオフ）場合に、その鉄筋（カットオフ筋）が計算上不要となる断面」をいう。）
- ℓ_{db} : 必要付着長さ
- d : 部材有効せい

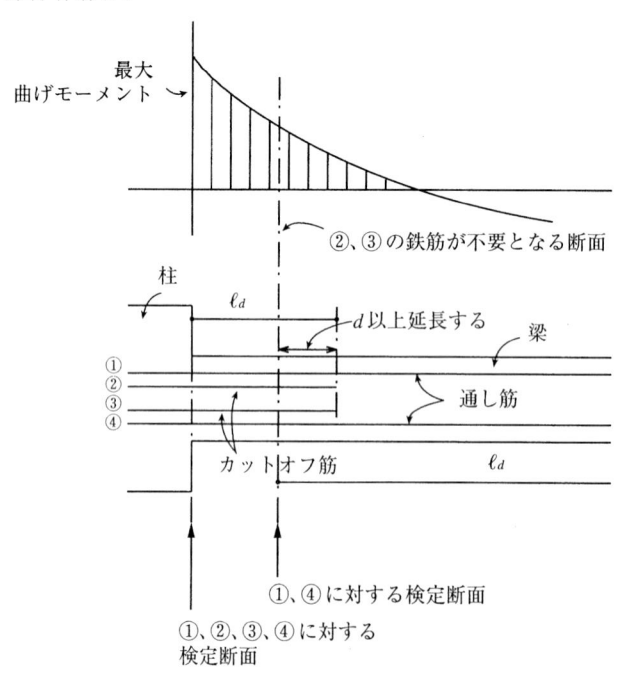

図 8.2 付着検定断面

ここでは、1999年版学会基準[1]に基づく考え方を述べているが、その後2010年版学会基準において改訂が行われているので、そちらも参照されたい。

8.1 付着

　式(8.1)で、必要付着長さにdを加えているのは、斜めせん断ひびわれの発生等により、部材端からd程度離れた位置での引張鉄筋の応力が、部材端と同じ大きさまで増大する現象(テンションシフト)によって、事実上、検定断面がd程度ずれることを考慮したものである。

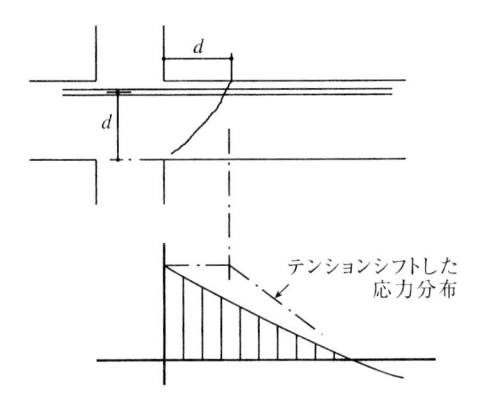

図8.3 ひびわれ発生によるテンションシフト

　また、必要付着長さ(ℓ_{db})は、次式により求めることができる。

$$\ell_{db} = \frac{\sigma_t A_s}{K f_b \psi} \tag{8.2}$$

ここで、

- σ_t ：付着検定断面における短期または長期の鉄筋存在応力度(ただし、鉄筋端に標準フック(8.3.1項参照)を設ける場合は、その値の2/3とすることができる。)
- A_s ：検定する鉄筋1本当たりの断面積
- ψ ：　　　　〃　　　　　　周長
- f_b ：許容付着応力度
- K ：鉄筋配置と横補強筋による修止係数

　近年、梁、柱の主筋として丸鋼が使われることはほとんどなく、もっぱら異形鉄筋が使用されていることから、付着破壊の形式も、鉄筋の表面がはがれるというよりは、図8.4に示すように、異形鉄筋の節が周囲のコンクリートを押し拡げることによる割裂破壊の形となることが多い。

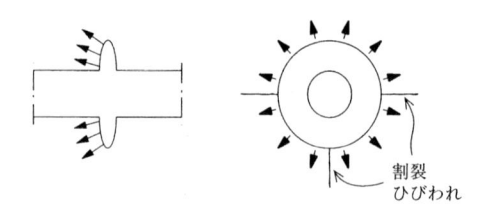

図 8.4

そこで、許容付着応力度 (f_b) についても、このような破壊形式を前提として、平均付着強度に基づいて決める方が合理的であり、第2章の表2.6に示した許容付着応力度はこのような考え方によるものである。また、表2.6の脚注3) の配筋による修正係数とは、上の式(8.2)のKのことであり、下式により求められる。

(長期荷重時)
$$K = 0.3 \frac{C}{d_b} + 0.4 \qquad (ただし、K \leq 2.5) \tag{8.3}$$

(短期荷重時)
$$K = 0.3 \frac{C + W}{d_b} + 0.4 \quad (ただし、K \leq 2.5) \tag{8.4}$$

ここで、

d_b ：曲げ補強鉄筋径
C ：［鉄筋間のあき］、または、［最小かぶり厚さの3倍］のうち小さい方
　　（ただし、$C \leq 5 d_b$）
W ：付着割裂面を横切る横補強筋の効果を表す換算長さ（下式による）

$$W = \frac{80 A_{st}}{sN} \quad (ただし、W \leq 2.5 d_b) \tag{8.5}$$

ここで、

A_{st} ：想定される付着割裂面を横切る1組の横補強筋全断面積
s ：横補強筋の間隔
N ：想定される付着割裂面における鉄筋本数

これらの式(8.3)、(8.4)は、既往の研究[18]により得られた付着割裂強度の実験式を基に、安全率を考慮しながら簡略化して得られたものである。

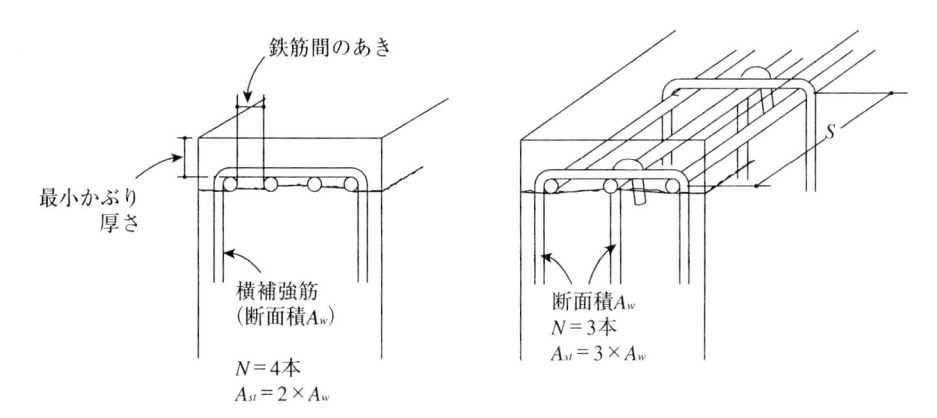

図 8.5

前でも述べたように、現在では主筋として丸鋼を用いることはほとんどないが、仮に丸鋼を用いる場合、平均付着応力として検定する場合の許容付着応力度は、下表の値とすることが望ましい。

表 8.1 丸鋼の許容付着応力度(N/mm^2)

(出典：日本建築学会編『鉄筋コンクリート構造計算基準・同解説―許容応力度設計法―』日本建築学会、1999 年)

長 期		短 期	
上端筋	上端筋以外	上端筋	上端筋以外
0.72	0.90	1.05	1.35

8.1.2 付着に関する構造制限

学会規準 [1] では、付着に関連して、次のような配筋上の規定が設けられている。
(1) カットオフ筋は、計算上不要となる断面を超えて d 以上延長する。(図 8.2 参照)
(2) 負曲げモーメント引張鉄筋(上端筋)の 1/3 以上は、反曲点を超えて d 以上延長する。ただし、短期応力の存在する部材では 1/3 以上の鉄筋は部材全長に渡って配筋(通し配筋)する。

(3) 正曲げモーメント引張鉄筋（下端筋）の1/3以上は、部材全長に渡って配筋（通し配筋）する。
(4) 引張鉄筋の付着長さは 300 mm 以上とする。
(5) 束ね筋（複数の鉄筋を束ねて使う）は断面の等価な 1 本の鉄筋として扱う。
(6) 柱および梁（基礎梁を除く）の出隅部分および煙突においては、鉄筋の末端に必ず標準フックを設ける。

[例題 8.1]
　図8.6に示す梁の端部上端筋について付着の検定を行う。図に示すように、5本の主筋のうち 2 本は、梁スパン内でカットオフされるものとする。

> この梁の場合、これら 2 本のカットオフ筋が不要となる位置を概算すると、梁端部から650 mm程度の位置となるので、カットオフ筋の長さは、これに有効せい d を加えた1290 mm以上としなければならない。また、実際の設計では、カットオフ位置は圧縮応力領域とすることが望ましいことから、ここでは、カットオフ位置を梁端から 1800 mm とした。

〈上端カットオフ筋の付着検定〉
　カットオフの位置より、付着長さ (ℓ_d) は、
　$\ell_d = 1800$ mm

次に、式(8.2)より必要付着長さを求める。鉄筋の引張応力度 (σ_t) は、

$$\sigma_t(長期) = \frac{M}{a_t \cdot j} = \frac{140 \times 10^6}{5 \times 287 \times 560} = 174 \text{ N/mm}^2 \; (1774 \text{ kgf/cm}^2)$$

$$\sigma_t(短期) = \frac{M}{a_t \cdot j} = \frac{258 \times 10^6}{5 \times 287 \times 560} = 321 \text{ N/mm}^2 \; (3273 \text{ kgf/cm}^2)$$

許容付着応力度 (f_b) は、

$$f_b(長期) = 0.8 \times \frac{24}{60} + 0.6 = 0.8 \text{ N/mm}^2$$

$$f_b(短期) = f_b(長期) \times 1.5 = 1.2 \text{ N/mm}^2$$

8.1 付着

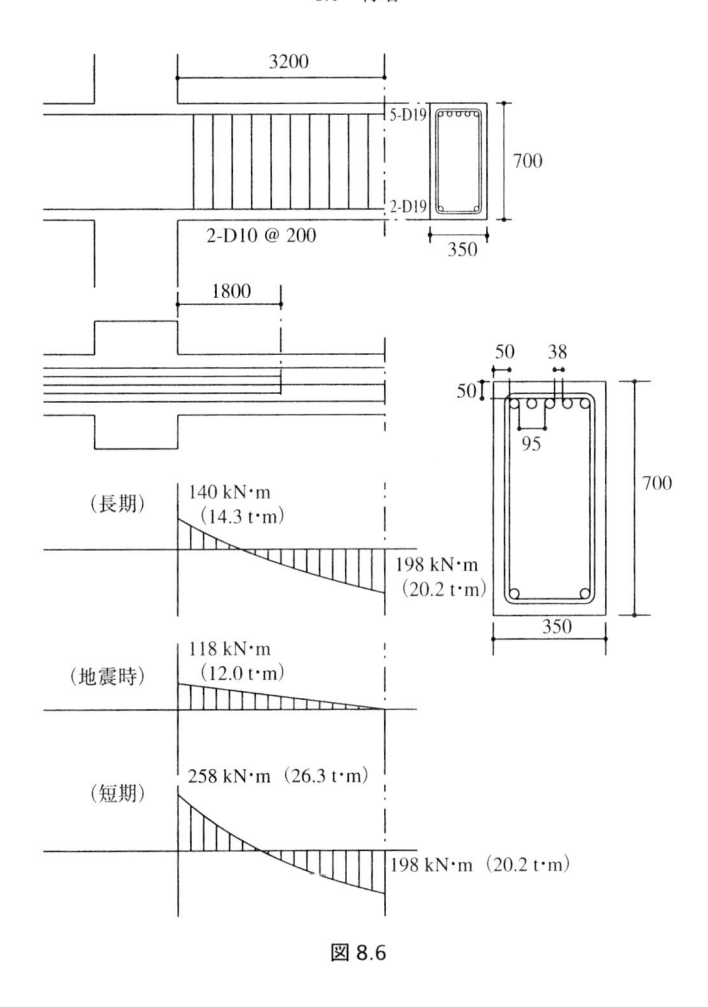

図 8.6

配筋による修正係数(K)は、

鉄筋間のあき = 38 mm、最小かぶり厚 = 50 mm より、

$$C = \min(38\,\text{mm}、50\,\text{mm} \times 3、19\,\text{mm} \times 5) = 38\,\text{mm}$$

$$W = \min\left(80 \times \frac{143\,\text{mm}^2}{200\,\text{mm} \times 5\,\text{本}}、19\,\text{mm} \times 2.5\right) = 11.4\,\text{mm}$$

そこで、

$$K(\text{長期}) = 0.3 \times \frac{38}{19} + 0.4 = 1.0$$

$$K(短期) = 0.3 \times \frac{38 + 11.4}{19} + 0.4 = 1.18$$

必要付着長さ (ℓ_{db}) は、

$$\ell_{db}(長期) = \frac{174 \times 287}{1.0 \times 0.8 \times 60} = 1040 \text{ mm}$$

$$\ell_{db}(短期) = \frac{321 \times 287}{1.18 \times 1.2 \times 60} = 1084 \text{ mm}$$

付着長さ $\ell_d = 1800$ mm $> \ell_{db}(長期) + d = 1040 + 640 = 1680$ mm OK

$\ell_d = 1800$ mm $> \ell_{db}(短期) + d = 1084 + 640 = 1724$ mm OK

〈残された上端通し筋の付着検定〉

> 残された3本の通し筋については、計算上カットオフ筋が不要となる断面が検定断面となり、その位置は上で述べたように、概算(曲げモーメントが3本の鉄筋による許容曲げモーメント $M = a_t f_t j$ となる位置を端部から中央部までの曲げモーメントが直線分布であるとして求めた)すると、梁端部から約650 mm の位置である。また、ここでの位置の決め方から、この位置での鉄筋応力は、$\sigma_t = f_t$ と見なすことができる。

配筋による修正係数 (K) は、

鉄筋間のあき $= 95$ mm、最小かぶり厚 $= 50$ mm より、

$C = \min(95 \text{ mm}、50 \text{ mm} \times 3、19 \text{ mm} \times 5) = 95$ mm

$W = \min(80 \times \dfrac{143 \text{ mm}^2}{200 \text{ mm} \times 3 本}、19 \text{ mm} \times 2.5) = 19.1$ mm

$K(短期) = 0.3 \times \dfrac{95 + 19.1}{19} + 0.4 = 2.2$

必要付着長さ (ℓ_{db}) は、

$$\ell_{db}(短期) = \frac{345 \times 287}{2.2 \times 1.2 \times 60} = 625 \text{ mm}$$

付着長さ (ℓ_d) は、両端ヒンジ部材を想定して、

$$\ell_d = \frac{(検定断面から端部までの距離 + d)}{2} \text{ とすると、}$$

$$\ell_d(短期) = \frac{3200 \times 2 - 650 + 640}{2}$$

$$= 3195\,\text{mm} > \ell_{db}(短期) + d = 625 + 640 = 1265\,\text{mm} \quad \text{OK}$$

> この場合、検定断面が梁の中央に寄っているため、一般に、長期の鉄筋応力は小さいので検定を省略し、短期のみの検定とした。

8.2 継手

　市販の鉄筋1本の長さは、通常、定尺で3.5 m〜10 mであるので、梁で数スパンに渡って通し配筋とする場合や、柱で数階分を通す場合などは、途中で継ぐことが必要となる。

　継手の種類としては、図8.7に示すように、重ね継手、溶接継手、機械継手などがある。

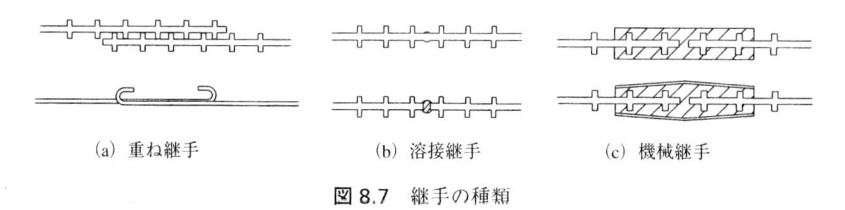

(a) 重ね継手　　(b) 溶接継手　　(c) 機械継手

図8.7　継手の種類

　重ね継手の場合、その継手長さは、式(8.2)において、σ_tを降伏応力度として求めたℓ_{db}以上の長さとしなければならない。当然ながら、この場合、重なり部分の鉄筋は2本ではなく、1本と数えてNを求める。また、あまりに太い鉄筋（D35以上）の場合は、原則として重ね継手は用いない。

　溶接継手としては、突合せ溶接によるものと、ガスバーナーで高温に熱した鉄筋同士を強い力で圧着させて接合する、いわゆるガス圧接工法の2種類がある。ガス圧接の場合は、溶接金属を用いないのが特徴で、近年、柱筋の継手等に多用されている。ただし、1本1本の鉄筋が自由に動かせないような状況（プレキャスト部材の鉄筋の接合、鉄筋先組み工法など）では、ガス圧接を用いることができないので、突合せ溶接によることとなる。

機械継手についても、様々な形式のものが開発されているが、大別すると、異形鉄筋の節がネジとなっていて、スリーブナットまたはネジカプラーと呼ばれる長いナットにネジ込む方式のもの、スリーブに両側から鉄筋を挿入した後、スリーブを押しつぶして圧着するもの(圧着継手とも呼ばれる)、スリーブ内に充填剤を注入して固めるものの3種類に分けることができる。充填剤としては、高強度モルタルや樹脂などが用いられている。

学会規準［1］では、この他に、継手に関して次のような規定を設けている。
(1) 鉄筋継手は部材応力ならびに鉄筋応力の小さい箇所に設ける。
(2) 同一断面で全引張鉄筋の継手(全数継手)としない。
(3) 重ね継手は曲げひびわれが継手筋に沿って生じるような部位に設けない。
(4) 溶接金網の重ね継手では最外端の横筋間で測った重ね長さを横筋間隔に 50 mm を加えた長さ以上かつ 150 mm 以上とする。
(5) 圧縮筋の重ね継手では式(8.2)において $K = 2.8$ として求めた重ね継手長さ以上とする。ただし、200 mm および鉄筋径の 20 倍を下回る長さとしてはならない。

8.3 定着

定着とは、梁、柱の主筋や壁筋、スラブ筋などの端部を柱梁接合部などの仕口に埋め込んで固定することをいう。この定着が不十分で、仕口から鉄筋が抜け出すようなことになると、梁、柱等の部材の性能が十分発揮できないこととなる。

8.3.1 定着長さ

従来、この定着についての検定は、仕口部内の鉄筋の付着破壊により鉄筋の抜け出しが起こるという考え方から、仕口内での必要付着長さを求める方法によっており、90°折曲げ定着の場合も、折曲げ部を含んだ総定着長さによって検定を行っていた。しかし、最近の研究によれば、90°折曲げであっても、180°フックと同様の定着性状を有していることや、また、折曲げ部より先の部分はあまり寄与していないことなどが分かってきている。

そこで、定着長さ(ℓ_a)としては、仕口面から鉄筋端までの直線長さをとるこ

8.3 定着

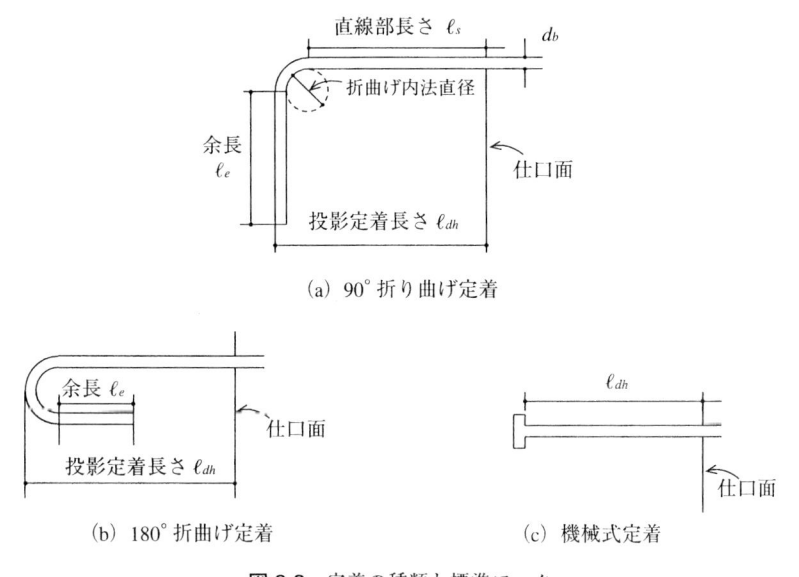

(a) 90°折り曲げ定着

(b) 180°折曲げ定着

(c) 機械式定着

図 8.8 定着の種類と標準フック
(出典：日本建築学会編『鉄筋コンクリート構造計算基準・同解説―許容応力度設計法―』日本建築学会、1999 年)

とを基本とし、標準フックや機械式定着具を設ける場合は、図8.8に示す投影定着長さ(ℓ_{dh})をとるのが合理的である。

ここで、標準フックとは、90°折曲げで余長を鉄筋径の10倍以上としたもの(図8.8-a)、もしくは、180°折曲げで余長を鉄筋径の4倍以上としたもの(図8.8-b)をいう。その際の折曲げ内法寸法は表8.2の値とする。

8.3.2 必要定着長さ

〈端部にフック等をつけない場合〉

この場合は付着と同様の考え方ができるので、必要直線定着長さ(ℓ_{ab})は式(8.2)より求めることができる。ただし、f_bは短期許容付着応力度とする。また、その仕口が周囲から圧縮応力を受けていて割裂のおそれがない場合は、K = 2.5としてよい。圧縮鉄筋も全く同じ方法で検定できるが、その場合は、K = 2.8と

表8.2 標準フックの内法直径(d_b：異形鉄筋の呼び名に用いた数値 [mm])
(出典：日本建築学会編『鉄筋コンクリート構造計算基準・同解説―許容応力度設計法―』日本建築学会、1999年)

鉄筋径	内法直径の標準値
D16以下	$5\,d_b$ 以上
D19〜D38	$6\,d_b$ 以上
D41以上	$7\,d_b$ 以上

[注] 1) 直交部材のとりつく柱梁接合部の定着筋では表中の値より$2d_b$小さい内法直径以上としてよい。
2) 柱梁接合部コア内に定着され、折曲げ内側に当該鉄筋と同径以上の直交筋が折曲げ起点から45°の範囲で接して配されている場合、もしくは、折曲げ直径内に接合部横補強筋が2本以上付加的に配される場合には標準値より$2d_b$小さい内法直径以上としてよい。
3) 上記1)、2)によらず標準値よりも$1d_b$または$2d_b$小さい内法直径とする場合には、側面かぶり厚さを表8.3の値にそれぞれ$1d_b$または$2d_b$加えた大きさ以上とし、必要投影定着長さℓ_{ab}を式(8.6)による長さにそれぞれ1.1または1.2を乗じた長さ以上とする。
4) SD390の場合は$5d_b$より小さい内法直径としてはならない。

してよい。

〈端部に標準フックや機械式定着具を用いる場合〉

(1) 柱梁接合部

柱梁接合部に定着する場合の必要投影定着長さ(ℓ_{ab})は、式8.6により求める。また、横補強筋で拘束されたコア内に定着する場合は、この値に0.8を乗じてよい。

$$\ell_{ab} = \frac{S\,\sigma_t\,d_b}{8\,f_b} \tag{8.6}$$

ここで、

f_b：表2.6中の「その他の鉄筋に対する短期許容付着応力度」
σ_t：仕口面における鉄筋存在応力度(ここでは短期許容引張応力度とする)
d_b：鉄筋径
S：側面かぶり厚さ(t_c)による修正係数

$t_c < 2.5\,d_b$ の場合　　$S = 1.0$
$t_c \geq 2.5\,d_b$ 〃　　$S = 0.9$
$t_c \geq 3.5\,d_b$ 〃　　$S = 0.8$
$t_c \geq 4.5\,d_b$ 〃　　$S = 0.7$
$t_c \geq 5.5\,d_b$ 〃　　$S = 0.6$

図8.9

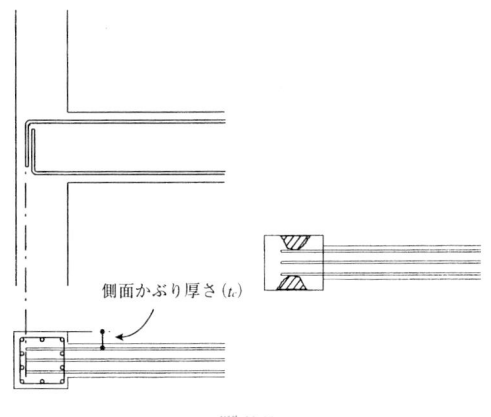

ここで、側面かぶり厚さが関係してくるのは、図8.9に示すように、このかぶりが薄いと折曲げ部の支圧力によって側面のかぶりコンクリートが割裂破壊する可能性があるためで、直交梁等により割裂のおそれのない場合は、$S = 0.6$としてよい。また、学会規準[1]では、8.3.4項に示すように側面かぶり厚さの最小値を規定している。

(2) 柱梁接合部以外の仕口

柱梁接合部以外の仕口に定着する場合の必要投影定着長さ(ℓ_{ab})は、式(8.6)において、$S = 4\,d_b/B_s$ として求める。ここで、B_s は定着筋1本当たりの仕口部の幅(仕口部の幅/鉄筋本数;2段配筋の場合は総鉄筋本数で割る)で、最大$5\,d_b$とする。

折曲げ定着の場合、一般に、鉄筋応力が圧縮となる場合の検定は不要であるが、検定が必要な場合、折曲げ部は圧縮力の伝達に有効でないので、定着長さは仕口面からの直線部のみとする。

8.3.3 純ラーメンの柱梁の通し配筋の検定

梁の塑性変形能力に期待した純ラーメン構造で、中柱を貫通して通し配筋された梁筋が付着劣化を起こすと、架構の復元力特性に大きな影響を及ぼすことが分かっている。そこで、このような通し配筋の場合については、左右の梁主

筋が降伏した時点での接合部内の通し配筋の付着についての検定が必要となる。学会規準[1]では、既往の研究で得られた実験式を簡略化し、鉄筋径の柱せいに対する比で表した下の式で検定することとしている。

$$\frac{d_b}{D} \leq 3.6 \times \frac{1.5 + 0.1\,F_c}{f_t} \tag{8.7}$$

ここで、

D ：鉄筋が通し配筋される部材の全せい
F_c ：コンクリートの設計基準強度
f_t ：鉄筋の短期許容応力度

8.3.4 定着に関する構造制限

定着に関しては、前に述べた点に加えて、最低限以下の事項をも満足するように配筋する。

(1) 投影定着長さは、$8\,d_b$ かつ 150 mm 以上とする。直線定着の場合は 300 mm 以上とする。
(2) 梁主筋の柱への定着、柱主筋の梁への定着にあっては、投影定着長さは仕口部材断面全せいの0.75倍以上を基本とし、接合部パネルゾーン側へ折り曲げることを基本とする。
(3) 出隅部の柱梁接合部への梁上端筋の定着では90°折曲げ定着とし、折曲げ終点からの余長部直線定着長さを式(8.2)によって与えられる必要付着長さ以上とする。
(4) 鉄筋端を標準フックとする折曲げ定着では、フック面までの最小側面かぶり厚さは、表8.3 による。
(5) 一般の床スラブ、屋根スラブの下端筋の仕口への定着長さは、鉄筋の種類、コンクリートの設計基準強度および種類にかかわらず $10\,d_b$ かつ 150 mm 以上の直線定着としてよく、小梁、片持ちスラブの下端筋の仕口への定着長さは、鉄筋の種類、コンクリートの設計基準強度および種類にかかわらず $25\,d_b$ 以上の直線定着、または、投影定着長さ $10\,d_b$ 以上の折曲げ定着としてよい。
(6) 部材固定端における溶接金網の定着では、支持部材表面から最外端の横筋

8.3 定着

表 8.3 標準フックの折曲げ面までの最小側面かぶり厚さ
(出典:日本建築学会編『鉄筋コンクリート構造計算基準・同解説―許容応力度設計法―』日本建築学会、1999 年)

F_c	鉄筋種別		
	SD295	SD345	SD390
18以上	4.5 (2.5) d_b	5.5 (4) d_b	―
21以上			
24以上	3.5 (1.5) d_b	4.5 (3) d_b	5.5 (4) d_b
27以上			
30以上	2.5 (1.5) d_b	4 (2) d_b	5 (3.5) d_b
36以上	2 (1.5) d_b	3.5 (1.5) d_b	4 (2.5) d_b
42以上		2.5 (1.5) d_b	3.5 (1.5) d_b
48以上		2 (1.5) d_b	3 (1.5) d_b
54以上			2.5 (1.5) d_b
60以上			

( ) 内は折り曲げ部が横補強筋で拘束された接合部内に定着される時

までの長さを横筋間隔に50 mmを加えた長さ以上、かつ150 mm以上とする。

[例題 8.2]

図8.10に示す梁主筋の定着の検定を行う。梁主筋は90°折曲げ定着とし、端部は標準フックとする。定着投影長さは3D/4以上が基本であるので、図8.10に示すようにℓ_a(上端筋) = 420 mm、ℓ_a(下端筋) = 390 mmとする。なお、コンクリートはF_c = 24 N/mm²(240 kgf/cm²)とし、梁主筋はD22、SD345を用いるものとする。

最小かぶり厚さは、F_c = 24 N/mm²、SD345であり、接合部は帯筋で拘束されているとすると、表8.3 より$3 d_b$以上必要

t_c = 125 mm = 5.6 d_b > 3 d_b OK

t_c = 5.6 d_b より、S = 0.6 となるので、必要投影定着長さは、

$$\ell_{ab} = \frac{0.6 \times 345 \times 22}{8 \times 1.5} = 379.5 \text{ mm}$$

ℓ_a(上端筋) = 420 mm > ℓ_{ab} = 379.5 mm   OK
ℓ_a(下端筋) = 390 mm > ℓ_{ab} = 379.5 mm   OK

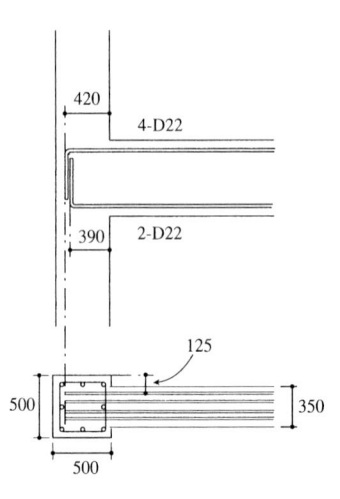

図 8.10

演習問題

[**問題** 8.1]

図8.11に示す梁の端部上端筋について、付着の検定を行いなさい。ただし、4本の主筋のうち2本はスパン内でカットオフされるものとし、カットオフ位置は梁端部から1900 mmの位置とする。また、カットオフ筋が計算上不要となる位置は、梁端部から概算で937 mmの位置である。なお、コンクリートは$F_c = 21\,\text{N/mm}^2 (210\,\text{kgf/cm}^2)$を、梁主筋はD22、SD345を用いるものとする。

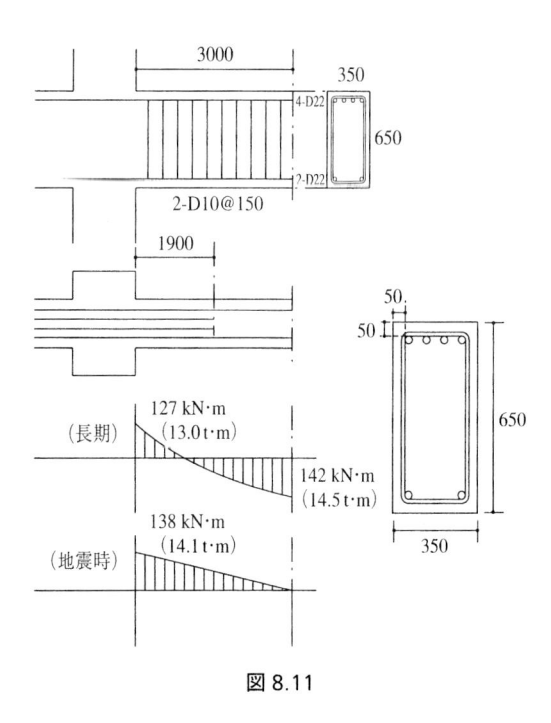

図 8.11

[**問題** 8.2]

図8.12に示す梁主筋の定着の検定を行いなさい。ただし、梁主筋は90°折曲げ定着とし、端部は標準フックとする。また、投影定着長さは、上端筋がℓ_a(上端筋) = 425 mm、下端筋がℓ_a(下端筋) = 395 mm とし、コンクリートはF_c = 21 N/mm^2(210 kgf/cm^2)を、梁主筋は D19、SD345 を用いるものとする。

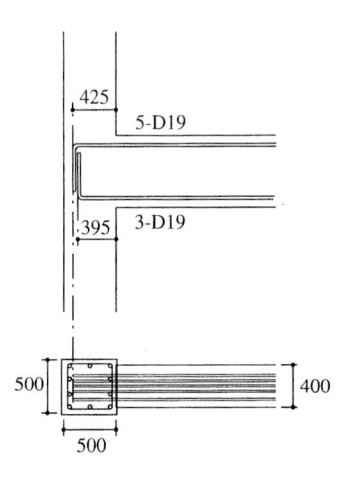

図 8.12

付表1　丸鋼(溶接金網を含む)の断面積および周長表

(出典：日本建築学会編『鉄筋コンクリート構造計算基準・同解説』
日本建築学会、1988年)

(太字は断面積cm^2，細字は周長cm)

ϕ (mm)	重量 (kg/m)	1-ϕ	2-ϕ	3-ϕ	4-ϕ	5-ϕ	6-ϕ	7-ϕ	8-ϕ	9-ϕ	10-ϕ
4	0.099	0.13 1.26	0.25 2.51	0.38 3.77	0.50 5.02	0.63 6.28	0.75 7.53	0.88 8.78	1.01 10.04	1.13 11.30	1.26 12.55
5	0.154	0.20 1.57	0.39 3.14	0.59 4.71	0.79 6.28	0.98 7.86	1.18 9.43	1.37 11.00	1.57 12.57	1.77 14.14	1.96 15.71
6	0.222	0.28 1.88	0.56 3.76	0.85 5.64	1.13 7.52	1.41 9.40	1.69 11.28	1.98 13.16	2.25 15.04	2.54 16.92	2.82 18.80
7	0.302	0.38 2.20	0.77 4.40	1.15 6.60	1.54 8.80	1.92 11.00	2.31 13.20	2.69 15.40	3.08 17.60	3.46 19.79	3.85 21.99
8	0.395	0.50 2.51	1.00 5.02	1.51 7.53	2.01 10.04	2.51 12.55	3.01 15.05	3.51 17.55	4.01 20.08	4.52 22.60	5.02 25.10
9	0.499	0.64 2.83	1.27 5.65	1.91 8.48	2.54 11.31	3.18 14.14	3.82 16.96	4.45 19.79	5.09 22.62	5.73 25.45	6.36 28.27
12	0.888	1.13 3.77	2.26 7.54	3.39 11.31	4.52 15.08	5.65 18.85	6.79 22.62	7.91 26.39	9.05 30.16	10.18 33.93	11.31 37.70
13	1.04	1.33 4.08	2.65 8.17	3.98 12.25	5.31 16.34	6.64 20.42	7.96 24.50	9.29 28.60	10.62 32.67	11.95 36.75	13.27 40.84
16	1.58	2.01 5.03	4.02 10.05	6.03 15.08	8.04 20.11	10.05 25.13	12.06 30.16	14.07 35.19	16.08 40.21	18.09 45.24	20.11 50.27
19	2.23	2.84 5.97	5.67 11.94	8.51 17.91	11.34 23.88	14.18 29.85	17.02 35.81	19.85 41.78	22.68 47.75	25.52 53.72	28.35 59.69
22	2.98	3.80 6.91	7.60 13.82	11.40 20.73	15.21 27.65	19.01 34.56	22.81 41.47	26.61 48.38	30.41 55.29	34.21 62.20	38.01 69.12
25	3.85	4.91 7.85	9.82 15.71	14.73 23.56	19.63 31.42	24.54 39.27	29.45 47.12	34.36 54.98	39.27 62.83	44.18 70.69	49.09 78.54
28	4.83	6.16 8.80	12.31 17.59	18.47 26.39	24.63 35.19	30.79 43.98	36.94 52.78	43.10 61.58	49.26 70.37	55.42 79.17	61.58 87.96
32	6.31	8.04 10.05	16.08 20.11	24.13 30.16	32.17 40.21	40.21 50.27	48.26 60.32	56.30 70.37	64.34 80.42	72.38 90.48	80.42 100.53

付表2　異形棒鋼の断面積および周長表

(出典：日本建築学会編『鉄筋コンクリート構造計算基準・同解説』
日本建築学会、1988年)

(太字は断面積cm², 細字は周長cm)

呼び名	重量 (kg/m)	1	2	3	4	5	6	7	8	9	10
D6	0.249	0.32 2.0	0.64 4.0	0.96 6.0	1.28 8.0	1.60 10.0	1.92 12.0	2.24 14.0	2.56 16.0	2.88 18.0	3.20 20.0
D8	0.389	0.50 2.5	0.99 5.0	1.49 7.5	1.98 10.0	2.48 12.5	2.97 15.0	3.47 17.5	3.96 20.0	4.46 22.5	4.95 25.0
D10	0.560	0.71 3.0	1.43 6.0	2.14 9.0	2.85 12.0	3.57 15.0	4.28 18.0	4.99 21.0	5.70 24.0	6.42 27.0	7.13 30.0
D13	0.995	1.27 4.0	2.54 8.0	3.81 12.0	5.08 16.0	6.35 20.0	7.62<)br>24.0	8.89 28.0	10.16 32.0	11.43 36.0	12.70 40.0
D16	1.56	1.99 5.0	3.98 10.0	5.97 15.0	7.96 20.0	9.95 25.0	11.94 30.0	13.93 35.0	15.92 40.0	17.91 45.0	19.90 50.0
D19	2.25	2.87 6.0	5.74 12.0	8.61 18.0	11.48 24.0	14.35 30.0	17.22 36.0	20.09 42.0	22.96 48.0	25.83 54.0	28.70 60.0
D22	3.04	3.87 7.0	7.74 14.0	11.61 21.0	15.48 28.0	19.35 35.0	23.22 42.0	27.09 49.0	30.96 56.0	34.83 63.0	38.70 70.0
D25	3.98	5.07 8.0	10.14 16.0	15.21 24.0	20.28 32.0	25.35 40.0	30.42 48.0	35.49 56.0	40.56 64.0	45.63 72.0	50.70 80.0
D29	5.04	6.42 9.0	12.84 18.0	19.26 27.0	25.68 36.0	32.10 45.0	38.52 54.0	44.94 63.0	51.36 72.0	57.78 81.0	64.20 90.0
D32	6.23	7.94 10.0	15.88 20.0	23.82 30.0	31.76 40.0	39.70 50.0	47.64 60.0	55.58 70.0	63.52 80.0	71.46 90.0	79.40 100.0
D35	7.51	9.57 11.0	19.14 22.0	28.71 33.0	38.28 44.0	47.85 55.0	57.42 66.0	66.99 77.0	76.56 88.0	86.13 99.0	95.70 110.0
D38	8.95	11.40 12.0	22.80 24.0	34.20 36.0	45.60 48.0	57.00 60.0	68.40 72.0	79.80 84.0	91.20 96.0	102.60 108.0	114.00 120.0
D41	10.5	13.40 13.0	26.80 26.0	40.20 39.0	53.60 52.0	67.00 65.0	80.40 78.0	93.80 91.0	107.20 104.0	120.60 117.0	134.00 130.0

付表3 鉄筋本数と梁および柱幅の最小寸法

(出典:日本建築学会編『鉄筋コンクリート構造計算基準・同解説』
日本建築学会、1988年)

(a) 鉄筋本数と梁幅最小寸法(主筋・あばら筋とも異形鉄筋,片隅フック・フック後曲げ)

(単位・cm)

主筋	主筋本数(本) あばら筋	2	3	4	5	6	7	8	9	10
D16	D10	23.5	28.5	33.5	38.5	43.5	48.5	53.5	58.5	63.5
	D13	27.5	32.5	37.5	42.5	47.5	52.5	57.5	62.5	67.5
D19	D10	23.5	29.0	34.0	39.5	44.5	50.0	55.5	60.5	66.0
	D13	27.5	33.0	38.0	43.5	48.5	54.0	59.5	64.5	70.0
D22	D10	23.5	29.5	35.5	41.0	47.0	52.5	58.5	64.5	70.0
	D13	27.5	33.5	39.5	45.0	51.0	56.5	62.5	68.5	74.0
D25	D10	24.0	30.5	37.0	43.5	50.5	57.0	63.5	70.0	76.5
	D13	28.0	34.5	41.0	47.5	54.0	61.0	67.5	74.0	80.5
	D16	32.0	38.5	45.0	51.5	58.5	65.0	71.5	78.0	84.5
D29	D10	24.0	32.0	39.5	47.0	55.0	62.5	70.5	78.0	85.5
	D16	28.0	36.0	43.5	51.0	59.0	66.5	74.5	82.0	89.5
	D16	32.0	40.0	47.5	55.5	63.0	70.5	78.5	86.0	94.0
D32	D13	28.0	36.5	45.0	53.5	62.0	70.0	78.5	87.0	95.5
	D16	32.5	40.5	49.0	57.5	66.0	74.5	82.5	91.0	99.5
D35	D13	28.5	37.5	47.0	56.5	65.5	75.0	84.0	93.5	103.0
	D16	32.5	42.0	51.0	60.5	69.5	79.0	88.5	97.5	107.0
D38	D13	28.5	38.5	48.5	58.5	68.5	78.5	88.5	98.5	108.5
	D16	32.5	42.5	52.5	62.5	72.5	82.5	92.5	102.5	112.5

[注] (1) あばら筋の形状は図のようにし,末端部折曲げは1隅とする。
(2) あばら筋が9φ、13φ、16φの場合には、それぞれD10、D13、D16の表を準用する。
(3) 屋外で耐久性上有効な仕上げのない場合は、表の数値に2cmを加える。
(4) 土に接する場合は、表の数値に2cmを加える。
(5) 主筋がD38の場合は、許容付着応力度を検討する。

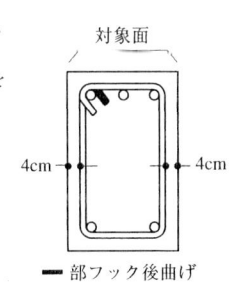

対象面

4cm　4cm

━ 部フック後曲げ

(b) 鉄筋本数と柱幅の最小寸法(主筋・帯筋とも異形鉄筋，片隅フック・フック後曲げ)

(単位・cm)

主筋	主筋本数(本) 帯筋	2	3	4	5	6	7	8	9	10
D16	D10	23.0	28.0	33.0	38.0	43.0	48.0	53.0	58.0	63.0
	D13	26.5	31.5	36.5	41.5	46.5	51.5	56.5	61.5	66.5
D19	D10	23.0	28.5	34.0	39.0	44.5	49.5	55.0	60.5	65.5
	D13	27.0	32.0	37.5	42.5	48.0	53.5	58.5	64.0	69.0
D22	D10	23.5	29.5	35.0	41.0	46.5	52.5	58.5	64.0	70.0
	D13	27.0	33.0	39.0	44.5	50.5	56.0	62.0	68.0	73.5
D25	D10	24.0	30.5	37.0	43.5	50.0	57.0	63.5	70.0	76.5
	D13	27.5	34.0	40.5	47.0	54.0	60.5	67.0	73.5	80.0
	D16	31.0	38.0	44.5	51.0	57.5	64.0	71.0	77.5	84.0
D29	D13	28.0	35.5	43.0	51.0	58.5	66.5	74.0	81.5	89.5
	D16	31.5	39.5	47.0	55.0	62.5	70.0	78.0	85.5	93.5
D32	D13	28.0	36.5	45.0	53.0	61.5	70.0	78.5	87.0	95.0
	D16	32.0	40.5	48.5	57.0	65.5	74.0	82.5	90.5	99.0
D35	D13	28.5	37.5	47.0	56.5	65.5	75.0	84.0	93.5	103.0
	D16	32.0	41.5	51.0	60.0	69.5	78.5	88.0	97.5	106.5
D38	D16	32.5	41.5	52.5	62.5	72.5	82.5	92.5	102.5	112.5

[注] (1) 帯筋の形状は図のようにし、末端部折曲げは1隅とする。
　　 (2) 帯筋が9φ、13φ、16φの場合は、それぞれD10、D13、D16の表を準用する。
　　 (3) 屋外で耐久性上有効な仕上げのない場合は、表の数値に2cmを加える。
　　 (4) 土に接する場合は、表の数値に2cmを加える。
　　 (5) 主筋がD38の場合は、許容付着応力度を検討する。

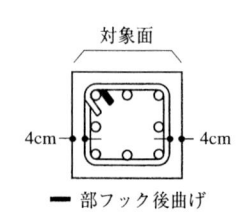

167

付表4 鉄筋本数と梁および柱幅の最小寸法

(出典:日本建築学会編『鉄筋コンクリート構造計算基準・同解説』
日本建築学会、1988年)

(a) 鉄筋本数と梁幅最小寸法(主筋・あばら筋とも異形鉄筋,片隅フック・フック先曲げ)

(単位・cm)

主筋	あばら筋 主筋本数(本)	2	3	4	5	6	7	8	9	10
D16	D10	19.5	23.5	28.5	33.5	38.5	43.5	48.5	53.5	58.5
	D13	21.0	25.0	30.0	35.0	40.0	45.0	50.0	55.0	60.0
D19	D10	19.5	24.0	29.5	34.5	40.0	45.0	50.5	56.0	61.0
	D13	21.5	25.5	31.0	36.0	41.5	47.0	52.0	57.5	62.5
D22	D10	20.0	25.0	31.0	36.5	42.5	48.0	54.0	60.0	65.5
	D13	22.0	26.5	32.5	38.0	44.0	50.0	55.5	61.5	67.0
D25	D10	21.0	26.0	33.0	40.0	46.5	53.0	59.5	66.0	73.0
	D13	22.5	28.0	35.0	41.5	48.0	54.5	61.0	68.0	74.5
	D16	24.5	30.0	36.5	43.5	50.0	56.5	63.0	69.5	76.5
D29	D10	22.0	29.0	36.5	44.0	52.0	59.5	67.5	75.0	82.5
	D13	23.5	30.5	38.0	46.0	53.5	61.0	69.0	76.5	84.5
	D16	25.5	32.0	39.5	47.5	55.0	63.0	70.5	78.0	86.0
D32	D13	24.5	32.0	40.0	48.5	57.0	65.5	74.0	82.0	90.5
	D16	26.0	33.5	42.0	50.0	58.5	67.0	75.5	84.0	92.0
D35	D13	25.5	33.5	43.0	52.0	61.5	71.0	80.0	89.5	98.5
	D16	27.0	35.0	44.5	54.0	63.0	72.5	81.5	91.0	100.5
D38	D13	26.0	35.0	45.0	55.0	65.0	75.0	85.0	95.0	105.0
	D16	27.5	36.5	46.5	56.5	66.5	76.5	86.5	96.5	106.5

[注] (1) あばら筋の形状は図のようにし、末端部折曲げは交互に異なる隅を折り曲げる
(2) あばら筋が9φ、13φ、16φの場合には、それぞれD10、D13、D16の表を準用する。
(3) 屋外で耐久性上有効な仕上げのない場合は、表の数値に2cmを加える。
(4) 土に接する場合は、表の数値に2cmを加える。
(5) 主筋がD38の場合は、許容付着応力度を検討する。

対象面

4cm — 4cm

(b) 鉄筋本数と柱幅の最小寸法(主筋・帯筋とも異形鉄筋,片隅フック・フック先曲げ)

(単位・cm)

主筋	主筋本数(本) 帯筋	2	3	4	5	6	7	8	9	10
D16	D10	18.5	22.5	27.5	32.5	37.5	42.5	47.5	52.5	57.5
	D13	20.0	24.0	29.0	34.0	39.0	44.0	49.0	54.0	59.0
D19	D10	19.0	23.5	28.5	34.0	39.5	44.5	50.0	55.0	60.5
	D13	20.5	25.0	30.0	35.5	41.0	16.0	51.5	56.5	62.0
D22	D10	20.0	24.5	30.5	36.0	42.0	48.0	53.5	59.5	65.0
	D13	21.5	26.0	32.0	37.5	43.5	49.5	55.0	61.0	66.5
D25	D10	21.0	26.5	33.0	39.5	46.0	53.0	59.5	66.0	72.5
	D13	22.0	27.5	34.0	40.5	47.0	54.0	60.5	67.0	73.5
	D16	24.0	29.5	36.0	42.5	49.0	56.0	62.5	69.0	75.5
D29	D13	23.0	30.0	37.5	45.0	53.0	60.5	68.5	76.0	83.5
	D16	24.5	31.5	39.0	46.5	54.5	62.0	70.0	77.5	85.0
D32	D13	24.0	31.5	40.0	48.0	56.5	65.0	73.5	82.0	90.0
	D16	25.0	32.5	41.0	49.5	58.0	66.0	74.5	83.0	91.5
D35	D13	25.5	33.5	43.0	52.0	61.5	71.0	80.0	89.5	98.5
	D16	26.5	34.5	44.0	53.0	62.5	72.0	81.0	90.5	99.5
D38	D16	27.0	36.0	46.0	56.0	66.0	76.0	86.0	96.0	106.0

[注] (1) 帯筋の形状は図のようにし,末端部折曲げは交互に異なる隅を折り曲げる。
(2) 帯筋が9φ、13φ、16φの場合には,それぞれD10、D13、D16の表を準用する。
(3) 屋外で耐久性上有効な仕上げのない場合は,表の数値に2cmを加える。
(4) 土に接する場合は,表の数値に2cmを加える。
(5) 主筋がD38の場合は,許容付着応力度を検討する。

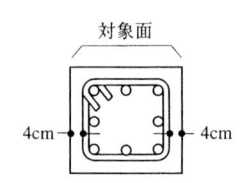

付表5 鉄筋本数と梁および柱幅の最小寸法

(出典：日本建築学会編『鉄筋コンクリート構造計算基準・同解説』
日本建築学会、1988年)

(a) 鉄筋本数と梁幅最小寸法(主筋・あばら筋とも異形鉄筋，U字形・フック先曲げ，交互フック・フック先曲げ)

(単位・cm)

主筋	あばら筋	主筋本数(本) 2	3	4	5	6	7	8	9	10
D16	D10 D13	21.0 24.5	24.5 26.0	28.5 30.0	33.5 35.0	38.5 40.0	43.5 45.0	48.5 50.0	53.5 55.0	58.5 60.0
D19	D10 D13	21.0 24.5	25.0 26.5	29.5 31.0	34.5 36.0	40.0 41.5	45.0 47.0	50.5 52.0	56.0 57.5	61.0 62.5
D22	D10 D13	21.0 24.5	26.0 27.5	31.0 32.5	36.5 38.0	42.5 44.0	48.0 50.0	54.0 55.5	60.0 61.5	65.5 67.0
D25	D10 D13 D16	21.5 25.0 28.5	27.5 29.0 31.5	33.0 35.0 37.0	40.0 41.5 43.5	46.5 48.0 50.0	53.0 54.5 57.0	59.5 61.0 63.5	66.0 68.0 70.0	73.0 74.5 76.5
D29	D10 D13 D16	21.5 25.0 28.5	30.0 31.5 33.0	36.5 38.0 39.5	44.0 46.0 47.5	52.0 53.5 55.0	59.5 61.0 63.0	67.5 69.0 70.5	75.0 76.5 78.0	82.5 84.5 86.0
D32	D13 D16	25.0 28.5	33.0 34.5	40.0 42.0	48.5 50.0	57.0 58.5	65.5 67.0	74.0 75.5	82.0 84.0	90.5 92.0
D35	D13 D16	25.5 29.0	34.5 36.0	43.0 44.5	52.0 54.0	61.5 63.0	71.0 72.5	80.0 81.5	89.5 91.0	98.5 100.5
D38	D13 D16	25.5 29.0	36.0 37.5	45.0 46.5	55.0 56.5	65.0 66.5	75.0 76.5	85.0 86.5	95.0 96.5	105.0 106.5

[注] (1) あばら筋の形状は図のようにする。
(2) U字形のあばら筋はスラブと同時にコンクリートを打ち込むT形およびL形梁にのみ用いる。
(3) あばら筋が9φ、13φ、16φの場合には、それぞれD10、D13、D16の表を準用する。
(4) 屋外で耐久性上有効な仕上げのない場合は、表の数値に2cmを加える。
(5) 土に接する場合は、表の数値に2cmを加える。
(6) 主筋がD38の場合は、許容付着応力度を検討する。

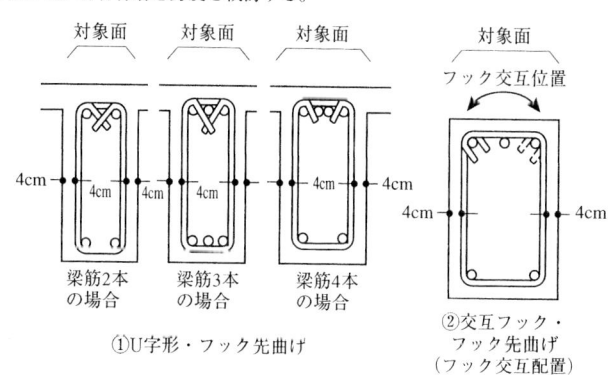

①U字形・フック先曲げ

②交互フック・フック先曲げ
(フック交互配置)

(b) 鉄筋本数と柱幅の最小寸法(主筋・帯筋とも異形鉄筋,交互フック・フック先曲げ)

(単位・cm)

主筋	帯筋	主筋本数(本) 2	3	4	5	6	7	8	9	10
D16	D10	20.5	23.5	27.5	32.5	37.5	42.5	47.5	52.5	57.5
	D13	23.5	26.0	30.0	35.0	40.0	45.0	50.5	55.0	60.0
D19	D10	20.5	24.5	28.5	34.0	39.5	44.5	50.0	55.0	60.5
	D13	23.5	26.5	31.0	36.0	41.5	47.0	52.0	57.5	62.5
D22	D10	21.0	25.5	30.5	36.0	42.0	48.0	53.5	59.5	65.0
	D13	24.0	27.5	32.5	38.0	44.0	50.0	55.5	61.5	67.0
D25	D10	21.5	27.5	33.0	39.5	46.0	53.0	59.5	66.0	72.5
	D13	24.5	28.5	34.0	40.5	47.0	54.0	60.5	67.0	73.5
	D16	27.5	31.5	37.0	43.5	50.0	57.0	63.5	70.0	76.5
D29	D13	24.5	31.0	37.5	45.0	53.0	60.5	68.5	76.0	83.5
	D16	28.0	32.5	39.5	47.0	54.5	62.5	70.0	78.0	85.5
D32	D13	25.0	32.5	40.0	48.0	56.5	65.0	73.5	82.0	90.0
	D16	28.5	33.5	41.0	49.5	58.0	66.0	74.5	83.0	91.5
D35	D13	25.5	34.5	43.0	52.0	61.5	71.0	80.0	89.5	98.5
	D16	28.5	35.5	44.0	53.0	62.5	72.0	81.0	90.5	99.5
D38	D16	29.0	37.0	46.0	56.0	66.0	76.0	86.0	96.0	106.0

[注] (1) 帯筋の形状は図のようにし,末端部折曲げは交互に異なる隅を折り曲げる。
(2) 帯筋が9φ,13φ,16φの場合には,それぞれD10,D13,D16の表を準用する。
(3) 屋外で耐久性上有効な仕上げのない場合は,表の数値に2cmを加える。
(4) 土に接する場合は,表の数値に2cmを加える。
(5) 主筋がD38の場合は,許容付着応力度を検討する。

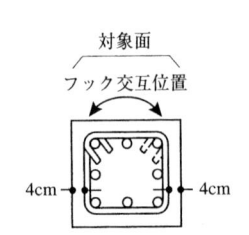

演習問題解答

第3章

[問題 3.1]
左端部　上端筋　必要鉄筋量　$a_t = 9.882\,\text{cm}^2$ ⇒ 4-D19 ($11.48\,\text{cm}^2$)
　　　　下端筋　2-D19

[問題 3.2]
中央部　下端筋　必要鉄筋量　$a_t = 10.78\,\text{cm}^2$ ⇒ 4-D19 ($11.48\,\text{cm}^2$)
　　　　上端筋　2-D19

[問題 3.3]
左端部　上端筋　必要鉄筋量　$a_t = 17.03\,\text{cm}^2$ ⇒ 5-D22 ($19.35\,\text{cm}^2$)
　　　　　　　　ただし、1段配筋では梁幅35 cmに収まらないので、2段配筋とする。
　　　　下端筋　2-D22

第4章

[問題 4.1]
柱頭部　X方向　必要鉄筋量　$a_t = a_c = 9.9\,\text{cm}^2$ ⇒ 3-D22 ($11.61\,\text{cm}^2$)
ただし、全鉄筋量6-D22($23.22\,\text{cm}^2$)が、0.8%相当($26.4\,\text{cm}^2$)を満たさないので、
6-D22 + 2-D16 ($27.2\,\text{cm}^2$) or 8-D22 ($30.96\,\text{cm}^2$) とする。

[問題 4.2]
柱頭部　X方向　必要鉄筋量　$a_t = a_c = 12.87\,\text{cm}^2$ ⇒ 4-D22 ($15.48\,\text{cm}^2$)
　　　　Y方向　必要鉄筋量　$a_t = a_c = 5.72\,\text{cm}^2$ ⇒ 2-D22 ($7.74\,\text{cm}^2$)

両方向とも短期で決まっているので、最終的な
配筋は、右図のようになる。
（補助筋は計算外：図4.13 (b) 参照）

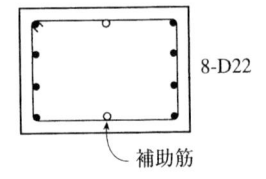

8-D22
補助筋

第5章

［問題5.1］

左端部

長期　Q_L = 175 kN（17.8 tf）＜許容せん断力 = 181.3 kN（18.5 tf）　OK
短期　Q_{D1} = 280 kN（28.6 tf）＞許容せん断力 = 272 kN（27.7 tf）　NG
　　　Q_{D2} = 266.2 kN（27.1 tf）＜許容せん断力 = 272 kN（27.7 tf）　OK
　　　　　　　　　　　　　　　　　　　⇨　p_w = 0.2%

x = 17.88 cm　⇨　15 cm 間隔とする。

2-D10@150

［問題5.2］

長期　X方向　Q_L = 58 kN（5.9 tf）＜許容せん断力 = 107.5 kN（11.0 tf）　OK
　　　Y方向　Q_L = 56 kN（5.7 tf）＜許容せん断力 = 107.5 kN（11.0 tf）　OK
短期　X方向　Q_{D1} = 156 kN（15.9 tf）＜許容せん断力 = 161.2 kN（16.4 tf）OK
　　　Y方向　Q_{D1} = 178 kN（18.2 tf）＞許容せん断力 = 161.2 kN（16.4 tf）NG
　　　柱のM_yによる
　　　　　　Q_{D2} = 183 kN（18.7 tf）＞許容せん断力 = 161.2 kN（16.4 tf）NG
　　　梁のM_yによる
　　　　　　Q_{D2} = 139.5 kN（14.2 tf）＜許容せん断力 = 161.2 kN（16.4 tf）OK
　　　　　　　　　　　　　　　　　　　⇨　p_w = 0.2%

x = 15.8 cm　⇨　15 cm 間隔とする。

ただし、構造制限より、柱の上下端より1.5Dの範囲では、x = 10 cmとする。
従って、

　　　柱の上下端より1.5Dの範囲　　2-D10@100
　　　それ以外の範囲　　　　　　　2-D10@150

[問題 5.3]

梁の $D = 800$ mm より、$d = 740$ mm、$j = 647.5$ mm

〈接合部の短期設計用せん断力〉

$\xi = 647.5/(3200 \times (1 - 500/7000)) = 0.218$

(5.45) 式より　$Q_{Dj} = 155 \times (1 - 0.218)/0.218 = 556.0$ kN

(5.46) 式より　$Q_{Dj} = 345 \times (1935 + 0) \times (1 - 0.218) \times 10^{-3} = 522.0$ kN

以上より　$Q_{Dj} = 522.0$ kN

〈接合部の短期許容せん断力〉

$\kappa_A = 5$　（ト形接合部）

$50/2 < 500/4$ より、$b_j = 400 + 50/2 + 50/2 = 450$ mm

$Q_{Aj} = 5 \times (1.05 - 0.5) \times 450 \times 500 \times 10^{-3} = 618.7$ kN $> Q_{Dj} = 522.0$ kN　OK

$X = 2 \times 127/(500 \times 0.002) = 254$ mm　⇒　構造制限より　2D13@150

第6章

[問題 6.1]

最小スラブ厚 $= 103.4$ mm < 135 mm　　OK

$M_{X1} = 6.0$ kN・m $(0.61$ t・m$)$　⇒　$a_t = 3.61$ cm^2

D10, D13 交互配筋とすると、$x = 27.4$ cm　⇒　D10, D13@200

$M_{X2} = 4.0$ kN・m $(0.41$ t・m$)$　⇒　$a_t = 2.41$ cm^2

D10 を用いるとすると、$x = 29.5$ cm　⇒　D10@200

$M_{Y1} = 3.35$ kN・m $(0.34$ t・m$)$　⇒　$a_t = 2.02$ cm^2

D10, D13 交互配筋とすると、$x = 49.0$ cm　⇒　D10, D13@300

$M_{Y2} = 2.24$ kN・m $(0.23$ t・m$)$　⇒　$a_t = 1.35$ cm^2

D10 を用いるとすると、$x = 52.6$ cm　⇒　D10@300

[問題 6.2]

〈壁板のせん断補強〉

$r = 0.73$ であるので、$Q_1 = 690$ kN $(70.4$ tf$) < Q_D = 835$ kN $(85.1$ tf$)$　NG

$\Delta Q = 508.8$ kN $(51.9$ tf$)$　⇒　$p_s \geqq 0.29\%$ となり、

$x = 16.3$ cm　⇒　15 cm 間隔とする。

そこで、配筋は　D10@150

〈開口部の補強〉

T_d = 118.1 kN（12.0 tf）$\Rightarrow$　$a_t \geq 4.0\,\text{cm}^2$　　配筋は　3-D16

T_v = 104.4 kN（10.6 tf）$\Rightarrow$　$a_t \geq 3.54\,\text{cm}^2$　　配筋は　2-D16

T_h = 129.0 kN（13.2 tf）$\Rightarrow$　$a_t \geq 4.37\,\text{cm}^2$　　配筋は　3-D16

第7章

[問題 7.1]

〈基礎底面形の算定〉

　　A $\geq$ 4.15 m^2　$\Rightarrow$　ℓ = 2.1 m（A = 4.41 m^2）とする。

〈基礎スラブの設計〉

(1) スラブの断面算定

　　Q_F = 194.2 kN（19.8 tf），M_F = 77.7 kN・m（7.92 t・m）より、

　　$a_t \geq 12.34\,\text{cm}^2$

　　　$\Rightarrow$　10-D13（a_t = 12.70 cm^2）

　　ℓ_{db} = 178.2 mm $<$ ℓ_d = 691 mm　　OK

(2) パンチングシアーの検討

　　Q_{PA} = 1036 kN（105.6 tf）$>$ Q_{PD} = 427.7 kN（43.6 tf）　　OK

第8章

[問題 8.1]

〈カットオフ筋の検定〉

　　σ_t（長期）= 158.9 N/mm^2、σ_t（短期）= 331.6 N/mm^2

　　f_b（長期）= 0.76 N/mm^2、　f_b（短期）= 1.14 N/mm^2

　　修正係数(K)は、

　　　C = min（54mm、50mm × 3、22mm × 5）= 54 mm

　　　W = min$\left(80 \times \dfrac{143\,\text{mm}^2}{150\text{mm} \times 4\,\text{本}}, 22\text{mm} \times 2.5\right)$ = 19.1 mm

　　K（長期）= 1.14、　K（短期）= 1.40

　　ℓ_{db}（長期）= 1014 mm、ℓ_{db}（短期）= 1149 mm

　　ℓ_d = 1900 mm $>$ ℓ_{db}（長期）+ d = 1014 + 590 = 1604 mm　OK

$\ell_d = 1900$ mm $>$ ℓ_{db}(短期) $+ d = 1149 + 590 = 1739$ mm　OK

〈残りの通し筋の検定〉

$C = \min(206\text{mm}、50\text{mm} \times 3、22\text{mm} \times 5) = 110$ mm

$W = \min\left(80 \times \dfrac{143 \text{ mm}^2}{150\text{mm} \times 2 \text{本}}、22\text{mm} \times 2.5\right) = 38.1$ mm

K(短期) $= 2.42$、ℓ_{db}(短期) $= 691$ mm

梁両端降伏とすると、

ℓ_d(短期) $= (6000 - 937 + 590)/2$
$= 2827$ mm $> 691 + 590 = 1281$ mm　OK

[問題 8.2]

最小側面かぶり厚は、Fc21、SD345 より、$4d_b$ 以上必要

$t_c = 100$ mm $= 5.26\, d_b > 4d_b$　　OK

$t_c = 5.26\, d_b$ より、S $= 0.7$

f_b(短期) $= 1.425$ N/mm^2

$\ell_{ab} = 402.5$ mm $<$ ℓ_a(上端) $= 425$ mm　　OK

$\ell_{ab} = 402.5$ mm $>$ ℓ_a(下端) $= 395$ mm　　NG

参 考 文 献

[1] 日本建築学会編「鉄筋コンクリート構造計算規準・同解説 —許容応力度設計法—」、日本建築学会、1999 年.
[2] 日本建築センター編「建築物の構造規定」、日本建築センター、1995 年.
[3] 日本建築学会編「建築工事標準仕様書・同解説 JASS5 鉄筋コンクリート工事 1997」日本建築学会、1997 年.
[4] 福島正人、大場新太郎、和田勉「鉄筋コンクリート構造(第5版)」、森北出版、1991 年.
[5] 青山博之、村田義男、川村政美「コンクリート系構造の設計(新建築学大系 41)」、彰国社、1983 年.
[6] 構造家懇談会編「RC 建築構造設計」、オーム社、1986 年.
[7] 松井源吾監修、西谷章「鉄筋コンクリート構造入門」、鹿島出版会、1992 年.
[8] 谷川恭雄他「鉄筋コンクリート構造」、森北出版、1994 年.
[9] 嶋津孝之、福原安洋、佐藤立美「鉄筋コンクリート構造」、森北出版、1987 年.
[10] 小阪義夫、森田司郎「鉄筋コンクリート構造」、丸善、1978 年.
[11] 田中礼治「鉄筋コンクリートの構造設計入門」、相模書房、1986 年.
[12] 梅村魁、松谷蒼一郎、広沢雅也「実例による新耐震設計のすすめ方(鉄筋コンクリート造編)」、工業調査会、1983 年.
[13] 吉川弘道「鉄筋コンクリートの解析と設計」、丸善、1996 年.
[14] 尾上孝一「図解鉄筋コンクリート造建築入門」、井上書院、1986 年.
[15] 六車熙「プレストレストコンクリート」、コロナ社、1963 年.
[16] 荒川卓「鉄筋コンクリートばりの許容せん断応力度とせん断補強について」、コンクリート・ジャーナル、Vol.8, No.7, pp.11-20, 1970 年.
[17] 富井政英「耐震壁の開口の影響による負担せん断力の低減率」、日本建築学会論文報告集、第 67 号、pp.23-27, 1961 年.

[18] 藤井栄、森田司郎「異形鉄筋の付着割裂強度に関する研究、第 1 報、第 2 報」、日本建築学会論文報告集、第 319 号、pp.47-55, 1982 年、第 324 号、pp.45-52, 1983 年．
[19] 日本建築学会編「鉄筋コンクリート構造計算規準・同解説」、日本建築学会、1988 年．
[20] 日本建築学会編「鉄筋コンクリート構造計算規準・同解説」、日本建築学会、2010 年．

索　引

あ　行

圧縮強度　　13, 17
圧縮鉄筋　　27, 28, 38, 41
圧着継手　　154
肋筋　　40, 41, 73, 79, 80, 83, 85, 86

異形鉄筋　　9, 14, 18, 38, 147

円形断面柱　　59
円筒断面柱　　60

応力中心間距離　　28, 30, 38, 43
応力-ひずみ関係　　7, 8, 11
応力-ひずみ曲線　　10
帯筋　　62, 73, 93
折り曲げ筋　　74

か　行

開口による低減率　　123, 128
階段　　118
重ね継手　　153
ガス圧接　　153
割線弾性係数　　12
カットオフ筋　　146, 150
かぶり厚さ　　15, 40, 56, 140, 156

かぶりコンクリート　　40
壁厚　　127
壁式構造　　2
壁補強筋　　123

機械式定着具　　154
機械継手　　153
基礎　　131
基礎スラブ　　131, 135, 138, 141
基礎土重量　　133, 136
基礎梁　　38, 135
許容応力度　　7, 15, 17, 26, 31, 50
許容せん断力　　81, 85, 90, 121
許容地耐力度　　133, 135
許容付着応力度　　18, 145, 148, 150
許容曲げモーメント　　30

くい基礎　　131
クリープ　　20, 23, 38

軽量コンクリート　　12, 38

高強度コンクリート　　12
構造制限　　37, 41, 61, 86, 94, 112, 127, 149, 158
降伏点(降伏応力度)　　9, 16

索　引

降伏ヒンジ　85, 91, 92
降伏曲げモーメント　84
降伏モーメント　37, 96

さ　行

座屈　1, 74
残留ひずみ　9
シアスパン比　83
シェル構造　2
斜張力　13, 79, 80, 124, 128
終局強度　15
周辺フレーム　121, 126
主筋　38, 42
スラブ(床スラブ)　35, 36
スラブ厚　110, 113
スラブ筋　112, 113
成分調整鋼　11
設計せん断力　84, 85, 90, 124
繊維補強コンクリート　1
せん断強度　13, 17
せん断破壊　84, 90, 95
せん断ひびわれ　82, 122
せん断補強　75, 90, 121, 128
せん断補強筋　73
塑性ヒンジ　85, 91
塑性領域　9

た　行

耐震壁　61, 121
多段配筋　38

短期荷重　16, 16, 84
単筋　28, 32
単筋梁　29
弾性領域　9
地耐力　131
中立軸　24, 27, 37, 48, 49, 78
長期荷重　16, 16, 84
長柱　62
長方形断面柱　52
直接基礎　131
継手　153
つりあい中立軸比　52
つりあい鉄筋比　31, 32, 37, 41, 52, 110
T形梁　35, 36, 41
定着　154
定着長さ　154
定着破壊　74
鉄筋比　28, 30, 32
テンションシフト　147
投影定着長さ　154, 158
等価開口周比　123
等価断面一次モーメント　50, 52
等価断面二次モーメント　51
通し筋　152
通し配筋　149, 157
独立基礎　131

な　行

2段配筋　42, 157

布基礎　131

熱伝導率　20
熱膨張係数　20

は行

Varignonの定理　28, 51
配筋による修正係数　19, 151
梁主筋　41
パンチングシアー　137, 142

ひずみ硬化　9, 10
引張強度　13, 23, 47
引張鉄筋　26, 28, 37, 43, 54, 78
ひびわれモーメント　37
標準フック　147, 154, 158

複筋比　28
付帯ラーメン　126
付着検定断面　146
付着長さ　145, 150, 154
付着破壊（付着割裂破壊）　38, 112, 147, 154
付着力　14, 18
フーチング　131
普通コンクリート　12, 38
フック　139, 146
フックの法則　24
プレストレストコンクリート　12, 20

平均付着応力度　146, 149
平面保持の仮定　23, 109
偏心距離　48
辺長比　110

べた基礎　132

崩壊機構　91

ま行

曲げ破壊　84
丸鋼　9, 14, 18, 149

水セメント比　13

メカニズム　91
面内せん断力　117, 121

モールの応力円（モールの円）　79, 80

や行

ヤング係数（ヤング率）　7, 8, 12
ヤング係数比　23, 27, 47, 50, 77

有効幅　35
床スラブ（スラブ）　35, 109, 110, 112

溶接金網　154, 158
溶接継手　153
余長　155, 158

ら行

らせん筋　61, 73, 95
ラーメン構造　2

流動化コンクリート　12

冷間加工鋼　11

〈著者略歴〉

高山　誠 (たかやま　まこと)

1969 年	日本大学理工学部建築学科卒業
1972 年	東京大学大学院修士課程修了
1972 年	金沢工業大学建築学科講師
1988 年	金沢工業大学建築学科助教授
1988 年	工学博士
1991 年	金沢工業大学建築学科教授
2010 年	金沢工業大学名誉教授
	現在にいたる

建築テキストシリーズ
鉄筋コンクリート構造

2000 年 4 月 28 日　　初　版
2017 年 2 月 27 日　　第 9 刷

著　者　　高山　誠
発行者　　飯塚尚彦
発行所　　産業図書株式会社
　　　　　〒102-0072 東京都千代田区飯田橋 2-11-3
　　　　　電話 03(3261)7821(代)
　　　　　FAX 03(3239)2178
　　　　　http://www.san-to.co.jp

© Makoto Takayama 2000　　印刷／製本・デジタルパブリッシングサービス
ISBN978-4-7828-6103-5 C3352